U0525426

中国财富管理50人论坛
China Wealth Management 50 Forum

新时代中小银行的转型与重塑

尚福林 等○著

中国出版集团
中译出版社

图书在版编目（CIP）数据

新时代中小银行的转型与重塑 / 尚福林等著 . --
北京 : 中译出版社 , 2025.2. -- ISBN 978-7-5001
-8078-4

Ⅰ . F832.33

中国国家版本馆 CIP 数据核字第 20243XX354 号

新时代中小银行的转型与重塑
XINSHIDAI ZHONG-XIAO YINHANG DE ZHUANXING YU CHONGSU

著　　者：尚福林　等
策划编辑：龙彬彬
责任编辑：龙彬彬
营销编辑：钟筏童

出版发行：中译出版社
地　　址：北京市西城区新街口外大街 28 号 102 号楼 4 层
电　　话：（010）68002494（编辑部）
邮　　编：100088
电子邮箱：book@ctph.com.cn
网　　址：http://www.ctph.com.cn

印　　刷：三河市国英印务有限公司
经　　销：新华书店
规　　格：710 mm×1000 mm　1/16
印　　张：19
字　　数：154 千字
版　　次：2025 年 2 月第 1 版
印　　次：2025 年 2 月第 1 次

ISBN 978-7-5001-8078-4　　　　定价：79.00 元

版权所有　侵权必究
中 译 出 版 社

前　言

本书对中小银行的界定主要包括城商行、农村金融机构、民营银行等。中小银行的产生和发展，完善了我国金融体系结构，在提高金融服务覆盖范围、深化金融服务层次、促进金融市场竞争、提高资金配置效率等方面发挥了重要作用，应当给予充分肯定。

经过多年发展，中小银行整体的数量和业务规模都有了质的飞跃。中小银行资产总额超过 100 万亿元，在全国银行业金融机构资产总额中的占比超过四分之一。

中小银行的重要地位，主要体现在以下几点。一是使中小企业融资更便利。中小银行长期服务区域发展，具有服务中小企业的天然优势与独特价值，历来是服务中小企业的重要力量。截至 2022 年末，银行业金融机构普惠型小微企业贷款规模为 23.6 万亿元，其中，城商行和农村金融机构合计投放

10.3万亿元，占比约为43.6%。二是打通了金融服务"最后一公里"。中小银行在构建覆盖城区、县域的多层级、立体式金融服务体系中发挥了重要作用，承担了覆盖绝大部分乡镇金融服务空白的任务，让金融服务的触角延伸到各个角落。三是服务地方经济发展、满足居民金融需求。中小银行具有扎根地方、了解民情的优势，通过财富管理、养老金融以及新市民金融服务等特色业务，成为服务城市发展和满足居民金融需求的重要力量。

随着改革进一步深入，中小银行的一些体制机制等深层次问题逐渐显露。同时，数字化转型压力加剧，市场竞争日益激烈，新旧问题相互交织，挑战增多。

从外部运行环境看，一是国内经济转向高质量发展阶段，银行业快速扩张模式出现拐点。党的十八大以来，国家政策持续加大对实体经济、产业升级与绿色转型等领域的支持，引导经济高质量发展。银行风险资产逐步出清，规模增长放缓，中小银行尤为显著。二是数字化转型与大银行下沉市场，让中小银行传统获客优势受到挑战。中小银行多年扎根本土，在当地业务经营上积累了地缘及人缘优势。随着大银行下沉、抢占县域市场，以及数字技术的创新应用，中小银行传统业务拓展、风险防控的优势逐渐缩小。中小银行在数字化转型过程中面临数字基础薄弱、资金技术资源有限、数字化人才不足等新问题。三是金融监管全面加强，中小银行公司治理、合规经营任务较重。中央金融工作会议强调，要全面加强金融监管，有效防范化解金融风险，严格执法、敢于亮剑。随着监管要求不断规范和细化，经营相对粗放的中小银行面临较大压力。

从内部经营看，一是粗放式增长难以为继，传统赢利能力面临挑战。中小银行业务以传统信贷为主，主要依靠利差收入，经营方式粗放、经营成本相对较高。过去，中小银行主要靠做大规模增加盈利，中小银行普遍有"规模情结"，个别机构喜欢垒大户。如今，传统靠规模和高利差驱动的赢利模式亟待转变。二是内源积累不足与外源渠道受限并存，中小银行资本补充难度加大。中小银行的资本充足率长期低于行业均值，2017年以后与行业均值的差距进一步拉大。受近年风险事件影响，社会资本投资中小银行意愿下降。大多数中小银行难以通过上市融资，少数上市的中小银行因股价低，很难在市场上通过增发再融资。根据2023年第三季度末的数据，42只A股上市银行全部"破净"，平均市净率仅为0.54倍。资本补充难，一定程度影响了中小银行可持续发展的能力。三是中小银行公司治理与经营管理粗放，风险问题加速暴露。近年来，包商银行、锦州银行等中小银行出现重大风险，暴露出中小银行公司治理与内控体系不足。从中国人民银行金融机构评级结果来看，366家高风险金融机构集中在中小银行，16家为城商行，217家为农信机构（包括农村商业银行、农村合作银行、农村信用社），118家为村镇银行。中小金融机构风险作为重点领域风险，在中央经济工作会议中专门被提及。

2023年底召开的中央金融工作会议指出，要严格中小金融机构准入标准和监管要求，立足当地开展特色化经营，并强调要及时处置中小金融机构风险，为下一步中小银行高质量发展指明了方向。

我们希望，本书能够为系统研究我国中小银行发展和转型问题、完善政策体系提供有益的参考借鉴。

为此，本书通过文献梳理、比较研究等多种方法，回顾了中小银行的改革历程，分析了其功能定位，综合国际上的经验教训，提出中小银行高质量发展不能靠单打独斗，也需要相关政策的引导与支持，并就完善公司治理体系、分类分层监管模式、化解风险和提升竞争力等问题提出了一些建议。针对备受关注的中小银行风险处置、公司治理以及数字化转型问题，本书分别展开了专题研究。

与此同时，受限于时间、资源、人员、知识等因素，本书对一些问题的认识和分析仍有一定局限性，还需要进一步深入研究。中小银行高质量发展绝非一日之功，我们也将持续聚焦中小银行高质量转型发展中的重大问题，与感兴趣的相关各方一道深入开展交流，贡献自己的一份力量。

目 录

绪论 *001*

第一章
中小银行概述

一、中小银行的概念界定 *015*

二、我国中小银行的发展历程 *019*

三、我国中小银行的发展现状 *024*

四、我国中小银行的市场地位及作用 *032*

第二章
我国中小银行发展环境

一、宏观环境 *040*

二、中观环境 *047*

三、微观环境 *051*

第三章
我国中小银行经营发展

一、城市商业银行　*057*

二、农信机构　*087*

三、村镇银行　*110*

四、民营及独立法人直销银行　*129*

第四章
中小银行横向比较

一、先进国家及地区中小银行经营的相似之处　*143*

二、先进国家及地区中小银行的经营差异　*152*

三、先进国家及地区中小银行发展对我国大陆的启示　*163*

第五章
中小银行未来发展展望

一、中小银行未来发展趋势　*173*

二、中小银行转型建议　*179*

三、关于推动我国中小银行高质量发展的相关建议　*184*

第六章
中小银行风险处置、企业管理及数字化转型

一、风险处置　*191*

二、公司治理　*215*

三、数字化转型　*231*

附录 1　发挥数字技术积极作用　助力金融高质量发展　*249*

附录 2　发挥农村金融特色优势　更好服务绿色发展　*261*

附录 3　新发展阶段推进农商行转型发展的思考　*271*

鸣谢　*289*

绪 论

我国银行体系包括中央银行、监管机构、自律组织和银行业金融机构。截至2022年末，我国银行业金融机构共4567家，[①]总资产规模379.4万亿元。[②]按照机构类型划分，包括政策性银行、大型商业银行、股份制商业银行、城市商业银行、民营银行、农村商业银行、村镇银行等各类银行共计3481家，其中，农村信用社548家，农村资金互助社37家，财务公司、信托公司、金融租赁公司等其他银行业金融机构501家。

一个完善的银行体系不仅意味着银行类型齐备，而且具有一定的规模层次结构。中小银行是大多数国家金融体系不可或缺的组成部分，与大型银行机构互为补充，是银行业体系健康

---

① 数据来源：原银保监会发布的《银行业金融机构法人名单》（截至2022年12月31日）。

② 数据来源：原银保监会发布的《2022年四季度银行业保险业主要监管指标数据情况》。

滚动发展的基础。

我国对中小银行并没有权威或统一的界定。本书所研究的中小银行，特指区域性银行，包括城市商业银行、农村商业银行、农村信用社（含联社）、农村合作银行、村镇银行、民营及独立法人直销银行。

一

2023年4月28日，中共中央政治局召开会议，分析研究当前经济形势和经济工作。会议指出，要有效防范化解重点领域风险，统筹做好中小银行、保险和信托机构改革化险工作。

2023年3月5日，政府工作报告中同样也提出，有效防范化解重大经济金融风险，深化金融体制改革，完善金融监管，压实各方责任，防止形成区域性、系统性金融风险。

此外，原银保监会曾在2023年工作会议上强调，加快推动中小银行改革化险；积极稳妥推进城市商业银行、农村信用社风险化解，稳步推进村镇银行改革重组；鼓励多渠道补充中小银行资本。

由此可见，中小银行等金融机构改革化险问题正当其时，并受到监管部门和国家层面的重点关注。

（一）中小银行面临的挑战

第一，规模增速大幅下降。以上市中小银行为例，资产规模增速（同比）从2010年的36.5%逐步下降至2022年的9.7%，增速下降幅度大于其他类型的银行，且预计未来将继续保持该趋势。

第二，赢利能力持续下降。中小银行净资产收益率（ROE）持续下降，净利差持续收窄，传统赢利模式难以为继，中收（中间业务收入）提振任重道远。以城市商业银行和农村商业银行为例，截至2022年末净息差分别为1.67%、2.10%，从2018年以来连续收窄，分别下降0.34%、0.92%。中收方面，截至2022年末，我国上市中小银行平均中收占比21.23%，对于整体营收贡献度较低，且在减费让利的政策导向下，提升困难。

第三，资产质量仍待提升，风险机构数量较多。中小银行在资产质量方面表现明显差于大银行，高风险机构中中小银行占比达96%。不良贷款率方面，2022年四季度银行业保险业主要监管指标数据显示,大型商业银行、股份制商业银行、城市商业银行、农村商业银行分别为1.31%、1.32%、1.85%、3.22%。风险机构方面,2022年四季度中国人民银行对4368家银行业金融机构开展央行金融机构评级结果显示,高风险机构主要分布于农村中小金融机构和城市商业银行。在346家高风险的金融机构中,城市商业银行、农信机构、村镇银行高风险机构分别为16家、202家、112家,高风险机构在各类机构中的占比分别为12.8%、9.44%、6.81%。

第四,经营分化严重,风险事件多发。包商银行超1500亿资金被大股东侵占,河南新财富集团以操纵村镇银行、内外勾结、利用第三方平台以及资金掮客等方式吸收公众资金,涉嫌违法犯罪,恒丰银行和锦州银行等出现重大信用风险,银行机构风险事件频发,暴露出中小银行在风险管理体系方面仍存在缺口。同时,经济环境的复杂性、严峻性、不确定性上升,中小银行信用风险不断累积,风险控制和不良贷款处置持续承压。

从央行评级结果来看,我国银行机构整体经营稳健,风险总体可控,但近年劣化银行略增,尤其是以城市商业银行和农信机构为代表的中小银行评级较差,风险问题突出。2022年四季度末央行金融机构评级结果显示，12.8%的城市商业银行为高风险机构，较上年末提升2.64%；农合机构和村镇银行中，高风险机构数量分别为202家和112家，合计占全部高风险机构数量的90.75%，较上年末略有下降，在本类别机构中的占比分别较上年末增加了0.83%和0.56%。

（二）外部环境背景分析

第一，国内经济下行压力持续加大，国家积极推动经济高质量发展转型，快速扩张拐点来临。国内经济增速放缓，经济复苏慢于预期。党的二十大以来，国家政策持续加大对发展壮大实体经济、强化产业升级与绿色转型等领域的持续支持，引导经济高质量发展。曾经支持银行快速扩张的资产来源受到限制、风险资产逐步出清、银行资产增长放缓成为行业整体态势，中小银行尤为显著。

第二，企业、居民、政府资产负债表调整，银行业资产负债表和收入结构面临调整。我国经济进入高质量发展新阶段，企业、居民、政府资产负债表不断变迁，对中国银行业经营影响深远。曾经支持银行快速扩张的资产来源，如房地产、政府平台、传统产业等，日益受到限制，在政策引领下，新兴产业、绿色产业等发展迅速。居民和企业财富配置呈现多元化，权益资产的占比有很大的提升空间。但银行业资产增长的新驱动力尚未形成稳定态势，中长期需做好调整策略性资产投向的准备。

第三，利率市场化背景下，金融脱媒加剧，资负两端持续承压。利率市场化改革不断推进，利差收窄压力将持续存在，银行赢利能力面临挑战，传统依靠息差的业务结构亟须调整。然而受限于资质和牌照短缺，中小银行发展中间业务、提升中收贡献难以短期见效，中收占比提升任重道远。

第四，大银行下沉市场，中小银行获客与留存难度俱增，传统优势日渐式微。中小银行多年扎根本土，在当地业务经营上存在地缘及人缘优势，业务拓展、风险防控方面具备一定信息优势，但近年来这些传统优势在大银行下沉市场的挤压下逐渐消失。公司业务方面，地产和平台企业被大量清退，优质大中产业客户获取和维系成本极大上升，优质小微企业被大银行"掐尖"，经营陷入闭环困境。零售业务方面，粗放获客模式下"滴漏跑冒"日益严重，原先可观的个人客户基础正在被侵蚀，获客成本攀升、经营效益收窄。

第五，监管进一步强化和规范，中小银行合规监管压力加大。近年来，国家监管部门以强化金融监管为重点，以防范系统性金融风险为底线，持续加大对金融机构违规行为的处罚力度，完善监管政策体系，规范细化各类监管要求，从严打击重点领域的违法违规行为。银行业作为监管重点，"严监管、重处罚、强问责"已成为行业的新常态。对于中小银行来说，在过去监管体系规范化程度不高、政策要求颗粒度较粗的背景下，注重业务规模的快速拉升而忽略了监管合规能力的建设，甚至存在利用监管政策模糊地带"钻空子"的违法违规行为。因此，随着相关监管要求持续规范和细化，中小银行面临"存量问题整治"和"新要求响应"的双重压力，合规监管压力加大。

（三）行业对标分析

第一，历史经验对比分析。伴随着宏观环境变化和银行业发展，美国、日本、德国及中国台湾地区银行业均发生过不同程度的危机，与中国大陆目前面临的情况有一定相似之处，能够为我国中小银行发展转型提供借鉴。

第二，分类监管比较分析。美国、日本、德国及中国台湾地区银行业起步早，历经利率市场化改革等宏观环境变化，行业格局、经营模式、收入结构等不断调整，目前已经进入较为稳定的成熟阶段。其银行业监管体系也从金融风险和金融普惠角度出发，形成了"分层监管"或"分类监管"的差异化监管体系，与中国大陆的"出身"监管差异明显。未来可以参考它们的经验，适当调整银行分类，优化监管体系，以更好地强化银行业金融风险监管，保证各区域金融服务可得性，支撑中小银行高质量转型发展，规避银行业危机。

二

对中小银行的发展轨迹与推进路径进行深入研究，是新时代推进我国金融经济发展的现实要求，也是对新时代条件下寻求中小银行健康发展的积极回应，因此有必要梳理中小银行改革经验，以期站在新起点谋划其转型发展和金融监管方向。

第一，中小银行转型发展。传统"高投放、低效益"的粗放式发展模式弊端日益显露，中小银行问题尤其突出。推动精细化经营管理和高质量发展，已成为中小银行的必然选择。本书将通过分析我国中小银行发展历程、现状和存在的问题，对标国内外经验和实践，为各类中小银行转型提供策略建议，助力其实现高质量发展。

第二，中小银行金融监管。面对中小银行转型发展的趋势和需求，我国金融监管体系也需要及时进行升级调整。本书将通过分析我国中小银行现状及问题，结合美国、日本、德国和中国台湾地区的监管实践和经验，明确未来如何升级监管逻辑和政策体系，以更好地管控银行业金融风险，引导各类中小银行推动高质量发展，提升我国中小银行的整体竞争力和可持续发展的能力。

三

本书将中小银行分为城市商业银行、农信机构（含农村商业银行、农村信用社、农村合作银行）、村镇银行、民营及独立法人直销银行四类，分别研究其发展历程、现状、存在的问题和转型及监管建议，并从规模成长、能力构建、监管空间三个维度，衡量各银行风险传染性，将城市商业银行、农信机构进一步归纳为四个组别，分别进行研究讨论。

本书还将通过对美国、德国、日本三个国家和中国台湾地区等市场银行业发展历程的梳理，明确不同历史阶段银行业发展的特征和背后原因，总结其与中国大陆中小银行发展之间的相似及差异之处，并相应地分析监管应对之举，为我国中小银行转型和银行监管体系优化提供"他山之石"。

本书在发展环境、经营发展等篇章中采用了宏观与微观相结合、短期与长期相结合的分析方法，借助波特五力模型等企业战略分析方法，围绕赢利能力、风险管理等关键指标，对中小银行的经营发展现状和存在的问题进行剖析。

第一章

中小银行概述

一、中小银行的概念界定

（一）银行业金融机构的分类

原银保监会发布的《银行业金融机构法人名单》显示，截至 2022 年 12 月末，全国共有 4567 家银行业金融机构。按照机构类型划分，包括政策性银行、大型商业银行、股份制商业银行、城市商业银行、民营及独立法人直销银行、农村商业银行、村镇银行等各类银行共计 3483 家、农村信用社 548 家、农村资金互助社 37 家，以及财务公司、信托公司、金融租赁公司等其他银行业金融机构 499 家。

除机构类型外，我国银行机构也存在不同维度的分类方式。

1. 按照业务范围划分，可以分为商业银行、政策性银行、农村信用社等。其中，商业银行主要从事各种金融业务，政策性银行主要为国家实施各种政策提供金融支持，农村信用社主要为农村地区提供金融服务。

2. 按照经营地域划分，可以分为全国性银行和区域性银行两种。全国性银行的特点是可以在全国范围内设立分支机构，区域性银行通常只能在省内或者地级市范围以内设立分支机构。

3. 按照资产规模划分，可以分为大型银行、中型银行和小型银行。这种分类方式主要考虑资产规模因素，也可以反映出银行的经营和业务范围等特征。

（二）我国中小银行的概念界定

我国对中小银行并没有权威或统一的界定。在国际上，一般依据金融机构的资产、人员等规模指标，综合考虑服务对象的范围等因素划分大、中、小金融机构。2015年，我国"一行三会"[①]和国家统计局推出《金融业企业划型标准规定》，依

---

① "一行三会"是2018年国家机构改革前国内金融界对中国人民银行、中国银行业监督管理委员会、中国证券监督管理委员会和中国保险监督管理委员会这四家金融监管部门的简称。

据资产规模对各类金融业企业进行规模划分。对于银行业存款类金融机构，规定资产总额在 40 000 亿元以下的为中小微型企业。此划型规定已具有明确的量化标准，但在目前监管部门发布的统计数据中较少采用。

除了上述金融企业划型标准之外，比较常见的官方划分包括：

1. 原银保监会按管理条线划分为政策银行部、大型银行部、股份制银行部、城市银行部、农村银行部等。其中大型银行通常是指中国工商银行、中国农业银行、中国银行、中国建设银行、交通银行（简称"工农中建交"）五大行，但从 2019 年起，中国邮政储蓄银行纳入"大型商业银行"汇总口径。原银保监会对不同类型银行实施分类管理，监管政策文件及统计数据也多按此口径进行发布。

2. 中国人民银行自 2010 年 1 月开始，根据本外币资产总量划分大、中、小型银行，[①] 并以本外币业务统计数据为基础编制货币统计报表。本外币资产以 2008 年末各金融机构本外币资产总额为参考标准，其中中小型银行包括本外币资产总量小于 20 000 亿元的所有中资银行。此标准下的中小银行排除了"工农中建交

---

① 在 2010 年之前，《中国人民银行年报》也是按政策性银行、国有商业银行、城市商业银行、农村金融机构、外资银行进行分类统计。

邮"六大行和国家开发银行共 7 家大型银行，如不考虑政策性银行，则与原银保监会的中小银行分类结果一致。

3. 在中国人民银行的《区域金融运行报告》中，有关于地方法人银行的统计数据，地方法人银行主要包括城市商业银行、农村金融机构等，这个类别也是比较典型的兼备规模和地域特点的中小银行。

鉴于中小银行界定的各种口径并存，每种界定都有其优点和不足，研究领域的做法也是依据研究目的的不同而各自进行适当界定。其中，从金融市场和结构层次进行的研究通常会采取比较宽的口径，以强调体制机制和市场实力方面的差异性；而在微观层次的研究则会采取比较窄的口径，通常是指城市商业银行、农村商业银行、农村信用社、农村合作银行、民营银行、村镇银行等金融机构的统称，以强调大型银行和中小型银行在分支机构数量和经营地域范围上的差异，以突出银行股权及业务的小型化、本地化特征。

上述中小银行普遍具有以下特点：一是在某个区域范围内展业经营，以服务于该区域的经济发展为己任，经营具有鲜明的区域性特色；二是大部分网点在市级以下，服务半径更加下沉，很多机构会将服务网点布局到村一级；三是资产规模相对较小，业务主要以存贷为主，产品创新能力和空间有限。

（三）本书对中小银行的概念界定

在本书中，中小银行特指城市商业银行、农村商业银行、农村信用社（含联社）、农村合作银行、村镇银行、民营银行及独立法人直销银行。为方便研究，本书将上述中小银行按照经营发展特征归纳为四类：城市商业银行、农信机构、村镇银行、民营及独立法人直销银行。

该界定主要是考虑本研究的目的和方法，从金融风险和金融普惠方面出发，结合案例调研、分层分类等方式在研究中侧重突出不同类别的中小银行的具体经营现状和特征，最后落脚在各类中小银行差异化的未来转型发展和监管逻辑上，以期获取更有针对性、适配性的研究成果。

二、我国中小银行的发展历程

回顾我国金融结构的变迁，随着金融总量的快速增加，金融市场结构、产业结构、融资结构等也发生了很大的变化。在解决中小企业融资的问题上，中小银行的重要性逐步凸显，金融体系的结构缺陷逐步被弥补。

自1978年改革开放以来，我国金融改革从改革高度集中的"大一统"金融体系开始，逐步向多层次、市场化金融体系改革发展，先后经历了四个阶段。

阶段一：1978—1993年，现代银行业体系起步初建。银行体系从单一竞争到多元化竞争转变。中国农业银行、中国银行、中国人民建设银行（1996年3月更名为中国建设银行）和中国工商银行等专业银行逐步恢复和组建。中国人民银行自1984年开始专门行使中央银行职能，商业性金融从中国人民银行独立出来。股份制商业银行、城市信用合作社起步发展，开始引入外资金融机构。

阶段二：1994—2002年，商业化改革探索启动。金融体制改革进程加快，以国有银行机构为主，多种金融机构并存的金融组织体系逐步建立；推动国家专业银行向国有独资商业银行转型，明确剥离政策性、商业性金融业务，设立政策性银行；针对经济转轨过程中出现的金融市场乱象，开展清理整顿，推动农村金融体制改革，整顿城市信用合作社向城市合作银行转型，金融审慎监管起步，初步形成风险监管体系。

阶段三：2003—2012年，推动各类银行机构改革与发展。国有银行股份制改造启动，通过国家注资、处置不良资产、设立股份公司、引进海外战略投资者、公开上市等一系列步骤，完成了由国有独资银行向现代化股份制商业银行的转变。农村信用社产权改革取得了实质性进展，管理体制基本理顺，历史风险得到有效化解，资本补充、资产质量等方面取得阶段性成果。国家开发银行、政策性银行、邮政储蓄银行的体制改革继续深入。

阶段四：2012年至今，积极构建多层次、广覆盖、有差异的银行体系。以市场需求为导向，积极开发个性化、差异化、定制化金融产品，增加中小金融机构数量和业务比重，把更多金融资源配置到经济社会发展的重点领域和薄弱环节，更好地满足人民群众和实体经济发展的多样化金融需求，金融体系服务实体经济质效明显提升。

在这些重大的结构变化中，中小银行从无到有迅速发展，在我国金融业中逐步占据一席之地，构成金融组织结构变化的重要部分。

城市商业银行，是在城市信用社清产核资的基础上，通过吸收地方财政、企业入股组建而成的地方性股份制商业银行。

20世纪80年代，伴随着个体、民营经济的快速发展，城市信用社迅猛发展，到20世纪90年代，全国城市信用社的规模发展到5000多家。为规范城市信用社发展，国务院于1995年颁布《国务院关于组建城市合作银行的通知》，要求在城市信用合作社的基础上组建城市合作银行。1995年6月，深圳城市合作银行（现为平安银行）成立，揭开了各大中城市商业银行发展的大幕。1998年，城市合作银行统一更名为城市商业银行。

农信机构，扎根县域农村地区，是主要为县域农村居民提供金融服务的金融机构，通常由辖内农民、农村工商户、企业法人和其他经济组织共同入股组成。农村信用合作社在中华人民共和国成立后经历了一个短暂的发展高潮。这是在新中国农业社会主义改造、农业合作化运动的背景下产生的。1953年，中共中央在《关于发展农业生产合作社的决议》中提出了"农业生产互助合作、农村供销合作和农村信用合作是农村合作化的三种形式"。在这一政策引导下，农村开始大范围试办信用合作组织。到1955年，以乡镇为单位设立信用社达到高峰，数量达到15余万个。农村信用社管理主体几经变更。1959—1976年，农村信用社先后下放给人民公社、生产大队管理，后来交给贫下中农管理，逐渐失去了独立性和合作金融性质。农村信用社在经历了前期恢复"三性"(民主性、群众性、灵活性)、与农业银行脱钩、按合作制原则重新规范农村信用社等尝试后,于2003年启动了新一轮深化农村信用社改革,从产权制度和管理体制入手,农村中小金融机构得到了快速发展。

村镇银行,是由境内外金融机构、境内非金融机构企业法人、境内自然人出资,在农村地区设立的主要为当地农民、农业和农村经济发展提供金融服务的银行业金融机构。为了满足农户的小额贷款需求,服务当地中小型企业,原银监会在2006年出台了《关于调整放宽农村地区银行业金融机构准入政策,更好支持社会主义新农村建设的若干意见》,允许在广大农村地区成立村镇银行、农村资金互助社、贷款公司等新型农村金融机构。新型农村金融机构的出现丰富了农村金融供给主体,为农村经济发展提供了有力的支持。

民营及独立法人直销银行,是主要依托民营资本,采用市场化运作、以线上经营为主要方式提供金融产品服务的银行。值得补充的是,近年来互联网金融及金融科技产业蓬勃兴起,金融业态日益丰富。实力雄厚的互联网企业及传统企业斥巨资成立网络银行,将互联网与小微贷款技术结合,为缓解中小企业融资问题展现了新前景，也倒逼传统银行对金融科技的关键技术及应用进行研究和相关布局。例如，很多大中型银行都成立了自己的金融科技子公司，并纷纷与百度、阿里、腾讯、京东等平台企业开展合作。银行与互联网企业之间的关系从过去相对独立或彼此竞争的关系转变为相互依存的合作伙伴关系。

三、我国中小银行的发展现状

中小银行是我国银行业的重要构成部分，也是发展普惠金融、服务小微民营企业的重要力量。虽然整体发展状况良好，但由于体制机制方面存在深层次问题，随着市场竞争日益激烈，银行数字化转型压力加剧，部分地方中小银行在业务发展模式、公司治理、风险抵御能力等方面的一些弱点开始显露，经营面临的挑战愈发严峻。

（一）资产规模：扩张速度放缓，市场占比趋于平稳

截至2022年末，我国商业银行总资产312.75万亿元，其中，城市商业银行和农村金融机构资产总额分别为49.88

万亿元、50.01 万亿元，占全部商业银行资产的比重分别为 15.95%、15.99%；民营银行资产总额 17.78 万亿元，占全部银行业资产比重为 5.69%（图 1.1）。总体来看，以城市商业银行、农村金融机构为主体的地方中小银行在银行业中的占比为 37.63%，是我国银行业的重要组成部分。

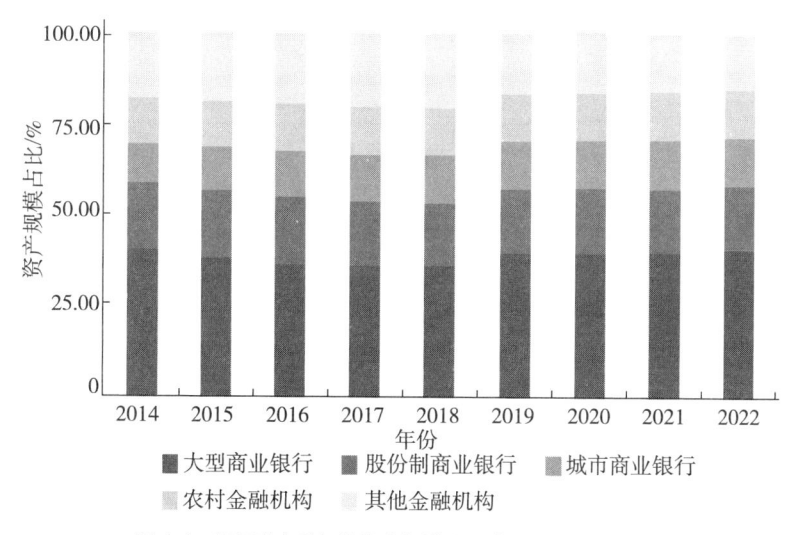

图 1.1 银行业金融机构资产规模占比（2014—2022 年）

数据来源：Wind。

从增长变化来看，在 2017 年之前，中小银行资产规模增速远快于行业平均水平，并由此带动行业占比持续上升。2017 年之后，受监管趋严、经济结构调整以及风险暴露等各种因素影响，地方中小银行的扩张速度显著放缓，2020 年后略低于行业平均增速，市场占比开始趋于平稳（图1.2）。

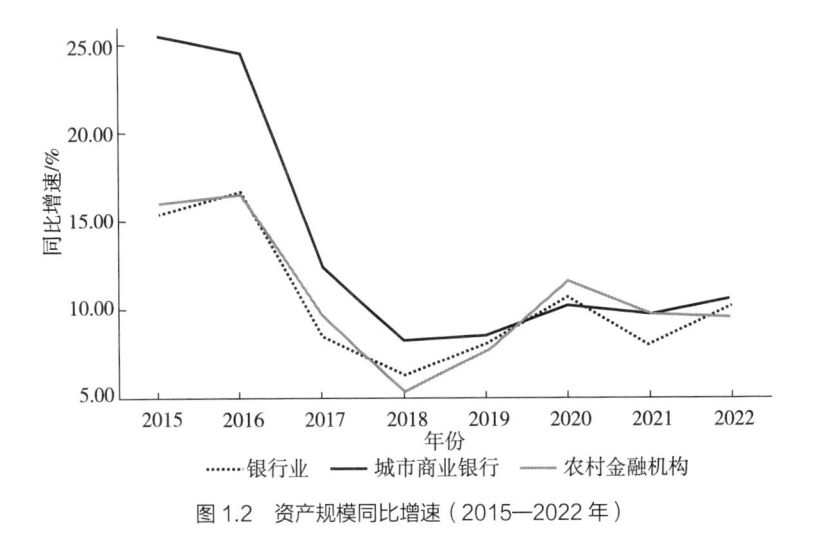

图1.2 资产规模同比增速（2015—2022年）

数据来源：Wind。

（二）赢利能力：净利润增速放缓，可持续经营能力面临挑战

从净利润来看，2022年商业银行累计实现净利润23 030亿元，同比增长5.44%，利润增长较上年有所下降。中小银行增速较上年也均有不同程度的下降，赢利能力下滑的趋势仍在延续。2022年，城市商业银行、农村商业银行和民营银行分别实现净利润2 553.14亿元、2 080.75亿元、175.95亿元，同

比增速分别为 –6.64%、–2.30%、29.85%，同比增速分别下降 4.95%、11.36%、17.22%（图 1.3）。

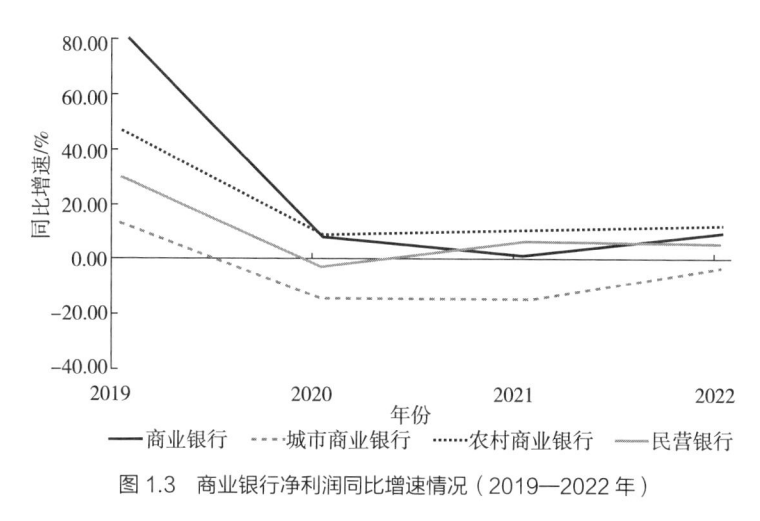

图 1.3　商业银行净利润同比增速情况（2019—2022 年）

数据来源：Wind。

从相对效益指标看，2022 年末，商业银行平均资产利润率为 0.76%，较 2021 年末下降 0.03%，仍维持在有统计数据以来的低位（图 1.4）。中小银行的资产利润率受收入结构、经营效率等因素影响，在多数时间都低于行业平均利润率。2022 年，城市商业银行和农村商业银行的资产利润率分别为 0.54% 和 0.53%，均显著低于行业均值；但民营银行资产利润率相对较高，为 0.68%，其中互联网股东背景的民营银行平均资产利润率 0.72%，较传统股东背景的民营银行平均资产利润率

0.65%高0.07%。

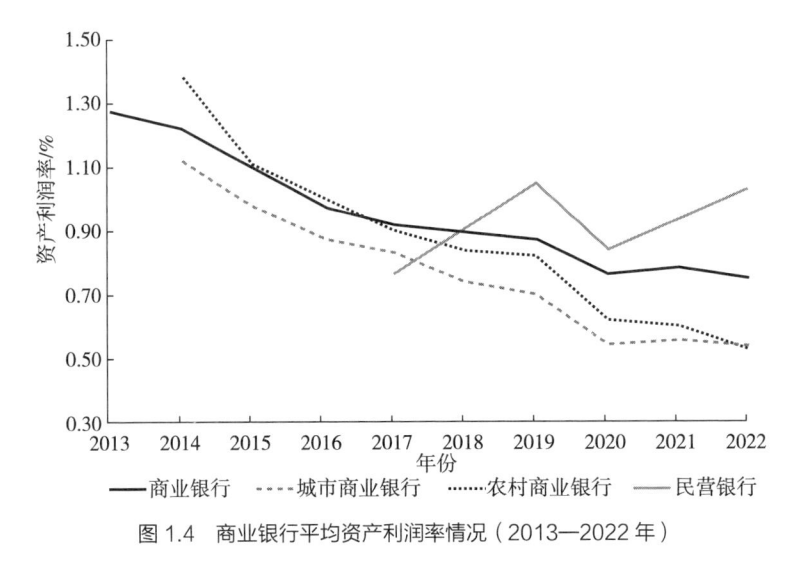

图1.4 商业银行平均资产利润率情况（2013—2022年）

数据来源：Wind。

（三）资产质量：资产质量趋于平稳，但化解处置压力仍大

与实体经济调整相对应，我国商业银行整体信用风险从2011年第四季度开始，不良率和不良贷款出现"双升"，并一直持续到2020年。之后，为夯实银行业稳健发展基础，监管部门持续引导银行业加大不良贷款的处置力度，银行业整体不良率开始趋于平稳并有所下降（图1.5）。截至2022年第四季度

末，商业银行不良贷款余额3万亿元，较上季末减少83亿元；商业银行不良贷款率1.63%，较上季末下降0.03个百分点。

地方中小银行因为其市场定位、客户结构以及业务地域分布等因素，资产的整体风险略高于行业平均，风险机构数量多、占比高。截至2022年末，城市商业银行不良率为1.85%，同比下降0.05%；农村商业银行不良率为3.22%，同比下降0.41%。根据央行公布的2022年四季度金融机构评级结果，高风险银行346家，城市商业银行、农信机构和村镇银行的数量分别为16家、202家和112家，占中小银行总数的8.44%。

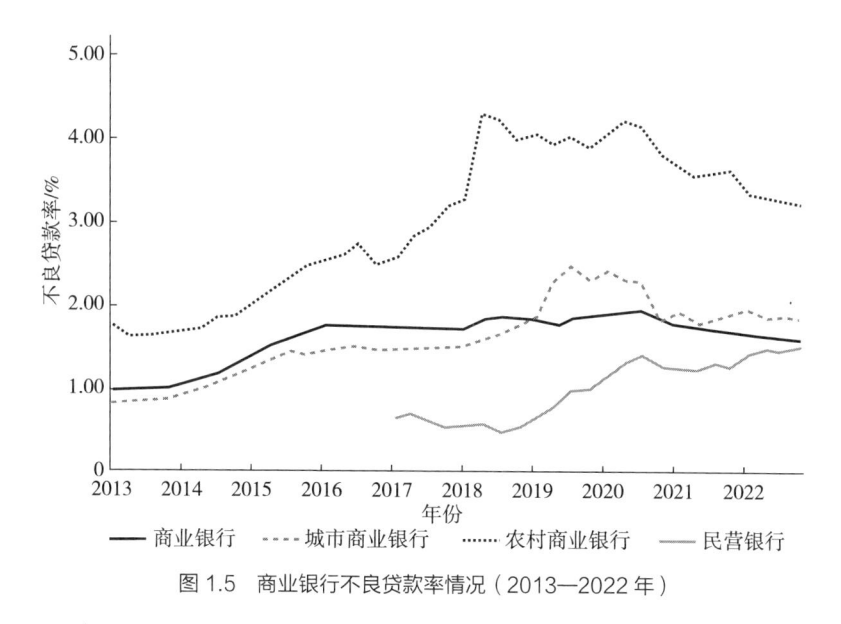

图1.5 商业银行不良贷款率情况（2013—2022年）

数据来源：Wind。

从风险处置的能力来看，2022年末，城市商业银行拨备覆盖率为191.62%，农村商业银行为143.23%，均远低于行业整体的205.85%，其中农村商业银行的拨备覆盖率更是低于之前150%的监管标准（图1.6）。总体来看，中小银行的资产风险变化总体平稳，且在可承受范围内，但相对于行业来说整体偏高，加之拨备覆盖率和赢利水平均低于大型银行，后续的风险处置能力有限，进而对其长期可持续经营产生影响。

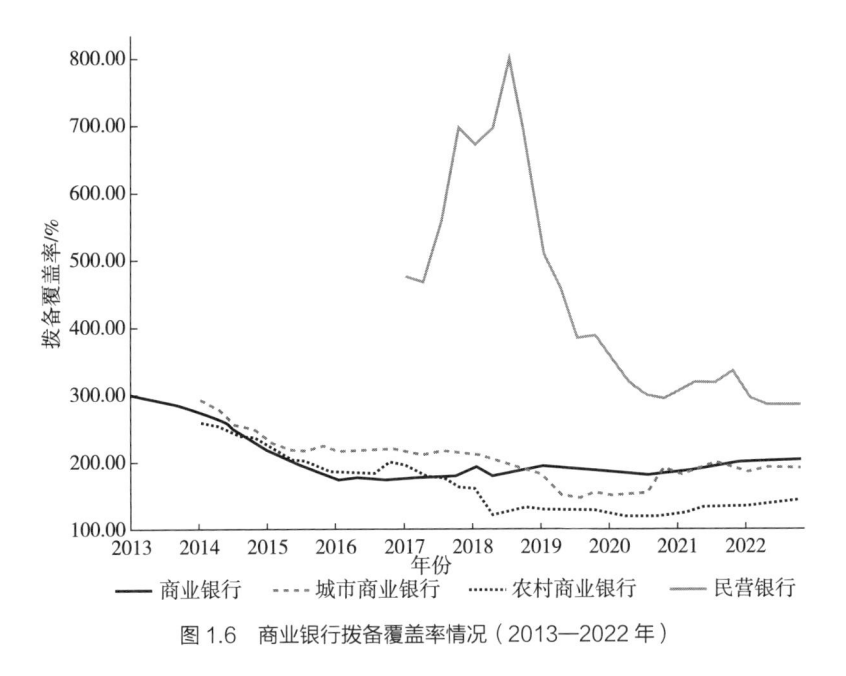

图1.6　商业银行拨备覆盖率情况（2013—2022年）

数据来源：Wind。

（四）资本充足：资本补充能力有限，制约后续发展空间

截至 2022 年末，我国商业银行资本充足率为 15.17%，近年来整体上有显著的提升（图 1.7）。这主要是因为监管的不断强化，特别是 2021 年实施的系统重要性银行附加资本要求，大型商业银行均加大了资本补充力度。相关数据表明，2021 年全年商业银行资本补充累计超过 2 万亿元。

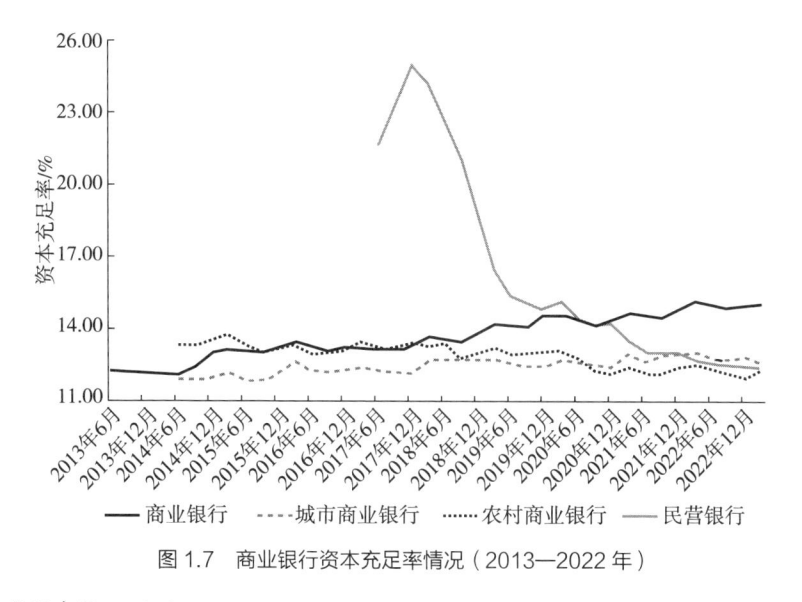

图 1.7 商业银行资本充足率情况（2013—2022 年）

数据来源：Wind。

规模驱动增长下不重视资本集约管理，赢利能力下降，外部融资渠道受限，导致地方中小银行资本充足率偏低。2022 年

末，城市商业银行资本充足率为12.61%，农村商业银行为12.37%，民营银行为12.40%。从趋势看，地方中小银行的资本充足率长期低于行业均值，特别是在2017年以后，与行业均值之间的差距有所加大。在资本监管框架之下，资本补充能力在很大程度上影响着银行业务发展和创新的空间，因此中小银行的长期可持续发展面临着严峻的挑战。

四、我国中小银行的市场地位及作用

（一）我国中小银行的市场地位

整体上看，中小银行的产生和发展，弥补了我国金融体系的结构缺陷，在提高金融服务覆盖范围、深化金融服务层次、促进金融市场竞争、提高资金配置效率等方面发挥了重要作用。经过多年发展，我国中小银行的数量和业务规模有了质的飞跃，市场地位不断提高。

中小银行由于各自的背景不同，发展路径呈现较大差异，服务对象、服务范围、服务模式各有特色，对支持"三农"和小微企业发挥了重要作用。经过多年发展，我国中小银行资本实力、总体规模和赢利能力日益增长，资产质量、品牌价值和社会形象大幅提升，在中国银行业中的市场份额和战略地位稳步提升。

据原银保监会发布的《银行业金融机构法人名单》和最新统计数据显示，截至2022年末，全国共有4567家银行业金融机构，较上年减少35家，同时本外币资产总额379.4万亿元，同比增长10.0%。其中，中小银行资产总额已达101.8万亿元，在全国银行业金融机构资产总额中的占比为26.8%，2022年末中，小银行的具体情况如表1.1所示。

表1.1 2022年末，我国中小银行具体情况

类型		机构数量	资产规模/万亿	资产规模占比/%
城市商业银行		125	49.90	49.02
农信机构	农村商业银行	1606	47.80	46.95
	农村信用社	548		
	农村合作银行	23		
	农村资金互助社	34		
村镇银行		1645	2.20	2.16
民营及独立法人直销		21	1.90	1.87
合计		4002	101.80	100.00

数据来源：国家金融监督管理总局。

注：数据截至2022年末。

(二）我国中小银行发展的作用

中小银行发展有利于完善区域金融体系。长期以来,我国的金融体系都是国有大银行占据着主导地位。直到今天,这一格局依然存在。所不同的是,中小银行从无到有地发展,丰富和完善了我国的区域金融体系,促进了行业的竞争。经过多年的发展,地方中小银行不再仅仅是"拾遗补阙"者,而是已成为我国现代金融体系的重要组成部分,并不断促进银行体系竞争机制的形成和竞争水平的提高,增加了市场机制在资金配置中的作用,提高了资金使用效率,也促进了创新金融工具的综合利用,为客户提供多样化的服务,带动了商业银行服务水平、服务质量和工作效率的提高,在落实普惠金融、助力乡村振兴、服务民生和支持绿色低碳发展方面发挥着重要作用。具体来说,有以下几点。

一是中小银行使中小企业融资更加便利。在国家控制了绝大多数垄断行业和大型企业后,地方政府发展大型企业的潜力十分有限。因此,促进中小企业的发展,为地方增加税源和扩大就业,不失为地方各级政府发展经济的一项良策。然而,中小企业财务制度不健全、抵押品不完善,使得中小企业广泛出现融资难的问题，成为经济主体中的弱势群体。中小银行长期服务区域发展，熟悉经营地区的中小企业资信与经营状况，中间委托管理层次少、决策迅速，具有服务中小企业的天然优势与独特价值。截至 2022 年末，商业银行金融机构普惠型小微企业贷款余额 23.6 万亿元，其中，中小银行贷款余额 10.3 万亿元，占比超 40%。

二是中小银行位于服务农业农村的前线，与农村有着天然的血缘关系。近年来围绕打通金融服务"最后一公里"目标，构建覆盖城区、县域、乡镇、农村的多层级、立体化服务体系，形成与乡村熟人社会相适应的服务架构，为产业兴旺、生态宜居、乡风文明、治理有效、生活富裕五大要求的实现发挥了重要作用。根据金融监管总局数据显示，目前全国农村中小银行有 3862 家，70% 以上的法人机构在县域，营业网点近 8 万家，承担绝大部分乡镇金融服务空白和机构空白覆盖任务，基本实现乡乡有机构、村村有服务。

三是通过扎根当地，中小银行可以凭借多年深耕所积累的经验与资源持续挖掘本土场景和产业特色，积极探索差异化发展道路，在激烈的市场竞争中站稳脚跟的同时，也为地方社会经济发展注入金融动能，提供全方位的金融服务，支持区域经济发展。同时，作为服务社会民生的参与者，城市商业银行发挥扎根地方、了解民情等优势，在普惠金融、零售金融等领域，发展财富管理、养老服务以及新市民金融服务等特色业务，致力于满足人民群众对美好生活的向往，成为服务城市发展和满足居民金融需求的重要力量。

四是中小银行经营具有区域性特点，业务发展与地方经济息息相关，近年来依托较强的服务"下沉"能力，围绕国家大力建设生态文明的战略部署，立足地方产业特征和自身发展状况，聚焦地方政府大力扶持的本地绿色产业以及传统支柱产业的绿色升级，发展多样化绿色金融产品，积极服务小微企业和"三农"绿色转型需求。数据显示，2022年，共有27家城市商业银行与农村商业银行累计发行绿色金融债券29只，发行总量达到687.57亿元，相比2021年增长幅度超过两倍。

第二章

我国中小银行发展环境

过去几年中，新冠病毒感染疫情在世界范围内产生巨大冲击，全球政治生态急剧恶化、大国博弈和全球产业链竞争逐渐白热化。面对世界局势的变化以及世界经济的潮汐涌动，我国在党的二十大报告中提出以推动高质量发展为主题，将实体经济作为经济发展的着眼点，优化民营企业发展环境，支持中小微企业发展，全面推进乡村振兴，促进区域协调发展。在此背景下，中国的金融业走到了又一个"风陵渡口"，中小银行作为国家金融组织体系中的重要组成部分，在战略定位、经营模式和业务范围等方面也将面临调整，既要乐观面对复苏和转型带来的机遇，又必须坚持底线思维，做到未雨绸缪，准备经受风高浪急甚至惊涛骇浪的重大考验。

一、宏观环境

（一）宏观经济

发展环境方面，中小银行在我国消费、投资、进出口等领域仍然面临较大的复杂性和不确定性。2023年以来，我国经济社会恢复常态化运行，市场需求逐步激活，但经济复苏速度不及预期，仍存在需求不足、动能不强、信心偏弱的情形，一些领域的行业风险不断累积，经济下行压力较大。消费方面，经济增速放缓叠加疫情疤痕效应，加之对未来的不确定预期，我国居民的风险偏好趋于保守，主动增加预防性储蓄，消费动力不足，尚未恢复至疫情前水平。投资方面，目前政府普遍财政困难，一般财政收入、土地出让收入大幅下滑，地方政府举债融资能力严重受限，稳增长政策下基础设施投资融资缺口进一步扩大，以政府投资撬动社会投资仍然存在诸多制约。进出口方面，全球经济增长放缓，贸易保护主义抬头，以美国为首的欧美国家推动对中国的"脱钩断链"，也使外需持续承压、进出口增速持续下降。

产业发展方面，国家加快建设以实体经济为支撑的现代化产业体系，为中小银行改革化险和转型发展提供了机遇。党的二十大报告指出，要建设现代化产业体系，坚持把发展经济的着力点放在实体经济上，构建以实体经济为支撑的现代化产业体系。对此，要巩固壮大实体经济根基，保持传统优势产业领先地位，创造新的竞争优势，优化产业布局。同时加速产业升级和转型，引导高质量发展，大力发展新兴产业如新能源、生物医药、高科技产业等，减少对房地产市场、初级制造业等传统产业的依赖。此外，国家多措并举，积极促进民营经济发展壮大。中共中央、国务院印发《关于促进民营经济发展壮大的意见》，从民营经济的发展环境、政策支持、法治保障以及促进民营经济人士健康成长等方面，提出31条具体举措，进一步激发民营经济发展活力。中小银行作为支持实体经济发展的重要力量，在现代化产业体系的搭建过程中将面临重要发展机遇。

我国经济发展环境、模式和动能的转变，要求中小银行未来发展战略、方向和经营模式必须与之更加适应。当前我国经济增长正处于以要素投入、投资扩张为主向以创新驱动为主的过渡时期，房地产、传统基建等旧动能逐步减弱，科技创新、先进制造、居民消费、新型基建、乡村振兴等新动能持续壮大，高耗能、高污染、低效率的产能过剩行业正向节能型、低污染、高效率的绿色环保行业转型。中小银行若能主动适应并及时调整自身战略和业务结构，将迎来更加广阔的市场空间，否则可能面临被市场淘汰或被兼并的局面。

（二）社会人口

资产负债表重构，人口结构老龄化，居民个人金融资产结构升级，为中小银行带来挑战的同时提供了发展新机遇。

资产负债表方面，企业、居民、政府资产负债表调整，中小银行资产负债表和收入结构面临调整。我国经济进入高质量发展新阶段，企业、居民、政府资产负债表不断变迁，对中国银行业经营影响深远。曾经支持银行快速扩张的资产来源，如房地产、政府平台、传统产业等，日益受到限制，在政策引领下，创新产业、绿色产业等发展迅速。居民和企业财富配置呈现多元化，权益资产的占比有很大的提升空间。但银行业资产增长的新驱动力尚未形成稳定态势，中长期需做好调整策略性资产投向的准备。

人口结构方面，我国人口结构呈现老龄化、少子化、长寿化趋势，养老经济蓬勃兴起，对中小银行而言机遇与挑战并存。根据第七次全国人口普查数据，第七次人口普查较第六次人口普查劳动人口占比下降6.79%。人口结构的老龄化、少子化、长寿化趋势愈发显著，劳动人口占比将持续下降。虽然各地已相继出台促生育等人口政策，但根据国际实践成效，政策缓解难以逆转人口结构恶化趋势。在当前人口形势下，中国经济将面临劳动力供给衰退及社会需求结构改变等挑战，同时迎来养老经济的兴起。中小银行需根据这一基本情况调整发展策略。

个人金融资产方面，中国居民财富增长，资产配置和专业投顾需求将与日俱增，中小银行未来可发掘财富管理的巨大市场。市场具体体现在居民资产配置日益倾向于多元化、专业化、安全化和普惠化。在多元化方面，资产配置将从储蓄、房地产逐步转向股票、基金、债券等。专业化方面，财富管理方式将由居民自主理财逐步转向依靠专业性财富管理机构理财。安全化方面，投资者侧重从短期逐利转向长期投资和价值投资。普惠化方面，财富管理相关服务主要从针对高净值人群逐步过渡到中低收入人群。居民财富配置金融资产的比例持续提升，叠加养老金三支柱的发展和资本市场的壮大，中小银行财富管理迎来新的发展机遇。

（三）监管体系

党的二十大以来，我国金融监管体制改革持续深化，组建国家金融监管总局，强化对除证券业之外的金融行业的统一管理，进一步提升防控系统性金融风险和服务实体经济的能力，开启了金融业高质量发展的新征程。

监管体制方面，国家持续深化地方金融监管体制改革，对中小银行的监管更加明确、高效。国家不断推进中央与地方金融监管统筹协调，强化金融管理中央事权，压实地方金融监管主体责任。2023年3月，最新公布的《党和国家机构改革方案》提出组建中央金融委员会及中央金融工作委员会，组建国家金融监管总局，并相应调整中国证券监督管理委员会职责及地方金融监管体制。更符合现代金融监管要求的"二委一行一局一会"+"各地局"的中国版"三层+双峰"监管框架更加清晰，央地双层金融监管新格局正式建立，央地监管协调得到有效完善。

监管政策方面，监管进一步强化和规范，中小银行合规监管压力加大。近年来，国家监管部门以强化金融监管为重点，以防范系统性金融风险为底线，持续加大对金融机构违规行为的处罚力度，完善监管政策体系，规范细化各类监管要求，从严打击重点领域的违法违规行为。银行业作为监管重点，"严监管、重处罚、强问责"已成为行业的新常态。对于中小银行来说，在过去监管体系规范化程度不高、政策要求颗粒度较粗的背景下，注重业务规模的快速拉升而忽略了监管合规能力的建设，甚至存在利用监管政策模糊地带"钻空子"的违法违规行为。因此，随着相关监管要求持续规范和细化，中小银行面临"存量问题整治"和"新要求响应"的双重压力，合规监管压力加大。

（四）金融改革

目前我国金融改革逐步迈入"深水区"，金融供给侧结构性改革、利率市场化改革持续推进，要求银行机构把握好守正与创新的关系，确保金融业改革创新的方向与实体经济的需求相一致，持续强化对于实体经济的支持。

金融供给侧结构性改革持续深化，引导金融资源更好地服务实体经济发展，实现更高质量、更有效率的信用创造、金融服务等功能。在加快金融体制改革过程中，引导大银行服务重心下沉，推动中小银行聚焦主责主业，同时深化农村信用社改革，这就要求中小银行进一步端正发展理念，回归本源，以本区域内中小微企业和本地居民为主要客户群体，在推动地方经济增长、服务大众中发展壮大自身；农村信用社系统则需要加强顶层设计和政策支持，提升农村商业银行、农村信用社公司治理和发展质量，将更多金融资源配置到农村经济社会发展中，提升农村金融服务能力，更好地满足乡村振兴需求。同时，改革鼓励银行多渠道补充资本，有效缓解资本金压力，以增强其服务实体经济的能力。

宏观政策方面，利率市场化接近完成，给中小银行传统业务结构带来挑战。完善市场化利率形成和传导机制，发挥央行政策利率引导作用，释放贷款市场报价利率改革和存款利率市场化调整机制效能，将促使银行实现自主定价，以市场主体身份开展定价决策，进而合理筛选项目，控制不良债权的增加。但伴随着利率市场化改革，银行资负两端承压加剧，利差收窄压力将持续存在，中小银行赢利能力面临挑战，传统依靠息差的业务结构亟须调整。

二、中观环境

（一）区域发展

区域间发展不平衡不充分，不同区域中小银行间原生差距较大。2022年，中部和西部地区生产总值分别达到26.7万亿元、25.7万亿元，占全国的比重由2012年的21.3%、19.6%提高到2022年的22.1%、21.4%。东部与中部、西部地区人均地区生产总值之比从2012年的1.69、1.87缩小至2022年的1.50、1.64。东西部地区发展绝对差距仍然较大，北方部分地区经济发展活力不足，特殊类型地区振兴发展仍有困难，区域生产力布局调整任务艰巨，而区域经济发展的分化也将映射到中小银行经营绩效中，短期内不同区域中小银行间的发展质量和水平依然存在较大差距。

地方债务处置问题悬而未决，中小银行未来或将面临较大压力。2017年至今，政府债务快速扩容，债务风险虽总体可控但压力不断上升，结构性及区域性问题突出。2022年末，我国地方政府债务余额35.1万亿元，其中，一般债务14.4万亿元，专项债务20.7万亿元。2022年末地方政府杠杆率为

29.1%，合并中央政府国债后的政府杠杆率合计为 50.1%，均低于国际通行警戒值。但在疫情冲击、房地产调整以及土地财政承压的背景下，各地财政对债务的承受能力不足，区域债务风险攀升且分化加剧，中小银行或将面临较大压力。

（二）行业竞争

近年来，各商业银行逐步回归县域、农村市场，村镇银行等新型农村金融机构培育发展加快，中小银行行业竞争格局正在发生深刻变化，发展空间受到挤压。

同业竞争方面，大型商业银行在政策指引下逐步下沉"掐尖"，挤压中小银行生存空间。近年来，大型银行不断下沉服务重心，成为普惠金融的"头雁"，对中小银行的客户形成"掐尖"效应，导致中小银行优质客户流失。在与大型银行竞争过程中，中小银行多采用"跟随战略"，自身资源禀赋未得到充分利用和开发。在大银行资金成本、品牌影响、业务范围、服务地域、科技等方面的明显优势下，中小银行"地缘、亲缘、人缘"优势正逐步减弱，竞争力呈现弱化趋势。

异业竞争方面，大型互联网公司依托技术与资金优势，抢夺中小银行客户。互联网金融拥有先进的技术、场景和客户储备，得以深度开发长尾客户，获取中小银行客户资源，持续挤压中小银行生存空间。例如，以第三方支付企业为代表的互联网公司通过为消费者提供账户支付服务，将消费信贷产品与支付场景无缝对接，挤占了银行的信用卡等业务。

（三）科技创新

数字经济方面，数字化进程高速发展，对中小银行的传统经营管理模式产生较大冲击。目前，消费互联网方兴未艾，产业互联网、政务互联网已拉开序幕，数字经济与实体经济融合加深。2022年我国数字经济规模达50.2万亿元，总量稳居世界第二，同比名义增长10.3%，占国内生产总值比重提升至41.5%。数字企业创新发展动能不断增强。我国市值排名前100的互联网企业总研发投入达3384亿元，同比增长9.1%。科创板、创业板已上市战略性新兴产业企业中，数字领域相关企业占比分别接近40%和35%。数据经济的蓬勃发展，引发了全社会多领域、多层次和系统性的变革，衍生出全新市场业态和发展模式。中小银行传统经营管理模式已经无法适应数字经济的发展环境，亟须变革。

金融科技方面，同步于数字经济，我国金融科技发展迅速，并在深刻改变金融行业的竞争格局，推动数字化转型已成为金融行业共识，中小银行数字化转型"虽难必行"。金融科技正从设计生产、风险控制、资源配置、渠道流通、交互协作等方面不断重构传统金融价值链，并成为有益延伸。同时，金融科技打破了传统金融市场的单一供给方式，使金融服务不再是传统金融机构的"专属特权"，市场参与者可以从科技禀赋、细分专业等角度切入金融赛道。大型银行和互联网金融机构利用其金融科技方面的领先优势，很大程度上削弱了中小银行熟人、熟地、线下网点和区域品牌等传统优势，使其竞争压力不断加大。且在存量市场中，中小银行必须充分利用数字化技术和工具，才能够有效推动"降本增效"，从"存量"中找"增量"，实现内涵式高质量发展。拒绝、拖延或与自身不符的数字化转型，都可能对中小银行经营发展造成不利影响。因此，中小银行必须基于客户需求和自身发展需求，制定清晰可行的数字化转型发展战略，推动自身业务模式重构、数字化经营和个人隐私保护强化等。

三、微观环境

（一）信贷供求

信贷有效需求不足，银行机构对于信贷需求和信贷动机把握不足，信贷服务难以精准匹配客户。新冠病毒感染疫情以来，受疫情反复、供应链冲击叠加地方政府隐性债务清理、"两高"企业整顿、部分高杠杆房企风险暴露等影响，经济增长的需求从总体上和结构上均呈现不足态势。2022年以来，居民购房预期转弱以后，房地产市场持续低迷，对房地产贷款以及上下游产业链企业贷款影响广泛。尽管普惠小微、制造业中长期贷款以及科技创新、绿色低碳发展、乡村振兴等新动能领域贷款增速较快，但体量有限。与此同时，企业存款呈现定期化趋势，定期存款占比不断提高，反映企业活力不足，投资意愿不强，信贷有效需求不足。

在信贷市场中，融资供求关系的实践中常见的话题仍然是银行机构和企业关于"融资难"的话题。通常来讲，在企业有信贷需求的情况下，影响企业是否选择向金融机构申请借款的最主要因素为是否满意金融机构的服务，其次是企业对申请银行贷款难易程度的主观看法,再次是企业规模,最后是融资需求额度。借款投向领域,特别是在农林牧渔业和住宿餐饮业两方面的信贷需求投向与金融机构偏好的信贷投向不符,就容易造成"融资难",例如,金融机构对企业的前三年的流水有严格要求导致信贷需求得不到满足,亟须银行机构基于信贷需求的变动和分析精准匹配信贷供需。

(二)客群需求

服务客群的数字化转型倒逼中小银行提升服务精细化颗粒度,客户的个性需求亟须被满足。随着信息技术水平的提高以及应用的不断推广,数字经济不断发展,经济的数字化、智能化和网络化日益普及。实体经济中的"新零售""新制造"等产业新形态不断涌现。中小企业作为对新经济反应最敏感的主体,数字化水平更是处于领先态势,成为数字经济场景应用的最广泛群体。作为中小银行最主要服务群体的中小企业在提升数字化水平方面实现了长足进展,进而要求中小银行加快数字化转型,提高数字化服务能力。

因此,在金融和科技深度耦合环境下,中小银行必须迭代传统金融的理念和认知，在更细"颗粒度"上重新认知金融和技术，以便更好地服务于民、便利于民，不断拓展服务边界与内涵，完善"大中小微个"相协调、"老中青幼"相均衡的客户生态，以更高质量的金融产品供给和更优质的综合服务水平，持续夯实全量客户基础，提高资金承接效率，不断增强客户精准触达、精准服务能力，提升客户覆盖面、活跃度。

消费者权益保护方面，除了越来越丰富的金融产品和服务，个人权益是否得到重视和保障也愈发引起关注。

随着我国社会经济逐步加快高质量发展步伐，中小银行业务范围不断扩大和细化，为广大消费者提供了更加丰富的金融产品和服务，消费者的权益保护越来越引起关注与重视。原银保监会发布的自2023年3月起施行的《银行保险机构消费者权益保护管理办法》，进一步明确了消费者权益保护的责任主体和责任，明确提出了对消费者权益保护的制度要求。

消费者权益无小事，中小银行机构也应切实履行好职责，满足消费者对权益保护不断提高的要求，进一步提升对消费者权益保护的重视程度，完善消费者权益保护制度机制、考核办法、审计检查、投诉快速响应等，以此提升广大消费者的服务体验，提升银行的品牌形象。这将有利于加强消费者对银行业的信任和支持，将有利于树立银行良好的品牌形象，保障中小银行机构健康发展。

第三章

我国中小银行经营发展

一、城市商业银行

（一）定位、发展沿革及价值贡献

城市商业银行孕育于城市信用合作时期，脱胎于城市合作银行，是在我国经济金融体制改革的大背景下发展起来的。成立初期，城市商业银行积极化解信用社时期的金融风险，走过了一段艰难困苦地化解历史不良资产包袱之路，为维护国家、地方金融安全做出了突出贡献，树立了良好的社会声誉和品牌形象。一路走来，城市商业银行始终坚持"服务地方经济、服务中小企业和服务城市居民"的市场定位，并通过重组改制、引进战投、跨区域发展、上市以及综合化经营等战略举措，实现了从小到大、从弱到强、从粗放式经营到精细化管理的转变，逐步发展成为具有相当数量和规模的中小银行群体。如今，城市商业银行群体再次开启新一轮的大重组、大整合，持续提升服务区域金融需求的能力和抗风险能力。

1. 基础构筑，孕育发展（1979—1994年）

1979年，全国第一家城市信用合作社——河南省漯河市城市信用合作社组建开业。全国各地陆续成立多家城市信用合作社。1986年1月，国务院发布《银行管理暂行条例》，明确城市信用合作社的定位为群众性的合作金融组织。同年6月，中国人民银行下发《城市信用合作社管理暂行规定》，并于1988年8月正式颁布《城市信用合作社管理规定》，从设立条件、服务范围、经营管理等角度对城市信用合作社的管理进行规范。

1989—1992年，中国人民银行大力推进城市信用合作社的清理整顿工作，控制新设机构规模、撤并经营不善的城市信用合作社，通过质量监管手段为城市信用合作社发展保驾护航，城市信用社再次进入快速发展时期。截至1994年末，全国已有城市信用社5200家，资产总额3171.9亿元，各项存款余额2353.7亿元，各项贷款余额1323.6亿元。

1993年，党的十四届三中全会召开，中国经济体制向社会主义市场经济转变。同年12月，国务院颁布《关于金融体制改革的决定》，组建城市商业银行试点的筹划工作被提上日程。

2. 组建改制，艰难起步（1995—1998年）

为适应社会主义市场经济体制改革和积极化解风险，城市信用合作社开始向城市合作银行转制。自1995年起，在全国范围内以城市信用社为基础的城市合作银行组建工作逐步开展，以"先试点、后分批"的方式稳步推进。1995年7月，深圳城市合作银行成立，成为全国第一家城市合作银行。随后，上海、北京城市合作银行相继成立。

1995年9月，国务院正式下发《关于组建城市合作银行的通知》，要求在城市信用合作社的基础上组建城市合作银行。1995年6月，深圳城市合作银行（现为平安银行）成立，揭开了各大中城市商业银行发展的大幕。至1998年3月，为了在名称上更加体现城市合作银行股份制的特点，经国务院同意，央行发布《关于城市合作银行变更名称有关问题的通知》，城市合作银行正式更名为城市商业银行。

3. 大胆探索，站稳脚跟（1998—2003年）

由于承接了原城市信用社累积的金融风险，新建的城市商业银行在开业之初便背负了沉重的历史包袱，同时遭遇亚洲金融危机，起步异常艰难。城市商业银行一方面要完善管理体制机制、积极拓展市场，另一方面要加大对历史遗留问题的风险处置力度，最终走出了一条自我积累、自我消化、自我发展的革新之路。与此同时，监管部门及时调整对城市商业银行的监管方式，确立"巩固、改革、整顿、扶持"的原则，建立对城市商业银行的一整套监管政策体系。截至2003年末，已正式开业的城市商业银行达到112家，共消化、合并城市信用合作社4500家左右，总资产达1.46万亿元。

4. 创新突破，快速发展（2004年至今）

近年来，城市商业银行逐步改革转型。2004年以后，城市商业银行通过坚守市场定位，依靠自身地缘优势以及同中小企业的亲缘优势，多方位深度探索，逐渐步入了发展快车道。党的十八大以来，城市商业银行进一步明确在多层次金融体系中的定位，在服务地方经济发展和助推供给侧结构性改革方面发挥了重要作用。2017年全国金融工作会议召开后，城市商业银行在监管引领下，坚持专注主业、回归本源，主动转变发展方式，积极化解风险隐患，努力向高质量发展转变。截至2022年末，我国共有城市商业银行125家，包括上市城市商业银行30家，其中10家城市商业银行进入"万亿俱乐部"，宁波银行、江苏银行、上海银行、北京银行4家城市商业银行被纳入国内系统重要性银行，上海银行、江苏银行、宁波银行3家城市商业银行已在《银行家》全球一级资本排名中跻身世界银行百强行列。

（二）现状及存在的问题

经过二十多年的发展，城市商业银行已经成为金融服务城乡居民、中小企业和地方经济的中坚力量，走出了一条差异化、特色化的商业银行发展道路。近年来，在"坚守定位、回归本源、专注主业"的监管导向引导下，城市商业银行发展更趋于理性，资产结构持续优化，机构体系不断完善，市场份额趋于稳定，中小微服务特色鲜明，服务实体经济质效提升明显。

与此同时，城市商业银行的发展也出现了明显分化。虽然一批优秀的城市商业银行已在业务规模、经营效益上跻身行业前列，但也有部分城市商业银行由于其管理粗放、风险控制不到位导致经营困难，以包商银行为代表的个别银行甚至因公司治理失灵被大股东掏空而经营失败，继而被接管重组。因此，有必要对城市商业银行进行分层分组研究。

1. 分组情况

考虑到城市商业银行的区域性、差异化特征，笔者在对其经营发展现状进行研究时采取分层分类的研究方法，在资产规模指标基础上，结合机构分布等风险特征，将125家城市商业银行分为4个组别（表3.1）。

表3.1 城市商业银行的4个组别

银行	资产规模/亿元	数量/家	规模占比/%	代表机构
第一组别*	≥10 000	7	26.2	北京银行、江苏银行、上海银行、宁波银行……
第二组别	5000—<10 000	20	28.3	中原银行、厦门国际银行、盛京银行、成都银行……
第三组别	1000—<5000	76	36.5	桂林银行、河北银行、九江银行、泰隆银行、台州银行……
第四组别	≤1000	22	9.0	葫芦岛银行、达州银行、丹东银行、自贡银行……

注：截至2022年末，中原银行、厦门国际银行、盛京银行3家银行的资产规模分别为13 262.7亿元、10 881.2亿元、10 842.1亿元，均已超过万亿，但考虑其未在省外布局分支机构，区域覆盖度、风险传导性与其他第一组别的银行存在差距，故将其纳入第二组别进行研究。

考虑到城市商业银行的差异化特征，本书采用分层分类的研究方法，以资产规模为核心指标，结合赢利能力、资产质量、机构布局、资质牌照等风险特征，将城市商业银行分为4个组别，对比分析得出如下特征。

（1）第一组别

第一组别共计7家城市商业银行，均已实现上市。立足于经济发达地区，该组别机构伴随区域经济发展而壮大，资产规模均超过万亿，赢利能力强，资产质量优且风险抵补能力强；借助早年先发优势和政策支持，基本完成全国主要城市网点布局；积极布局综合金融，争取各类资质牌照，拥有了较为完善的银行业务和非银机构资质牌照。

（2）第二组别

第二组别共计20家城市商业银行，其中上市银行16家。资产规模过万亿的银行3家，其余17家资产规模为5000—10 000（不含）亿元。其中14家在省外布局了分支机构，但在区域覆盖度上与第一组别差距较大，仅在邻近区域省会城市或重点城市进行了布局。组内机构分化问题较为突出，在赢利能力和资产质量方面差异明显。

（3）第三组别

第三组别共计76家城市商业银行，其中上市银行8家，资产规模均为1000—5000（不含）亿元。组内银行在赢利能力、资产质量等方面分化严重，既有浙江泰隆商业银行等"小而美"的机构，又有辽沈银行等风险较高或经营不善的机构。

（4）第四组别

第四组别共计22家城市商业银行，均位于经济较不发达地区，本地市场空间较小，赢利能力差，不良率高，经营绩效低，风险较高。网点基本仅在所辖区域内部布局，且机构数量较少、规模较小。区域内金融需求以普惠类为主，以存贷等基础业务为主，资质牌照也较为基础。

2. 指标分析

（1）资产规模

整体来看，各组别城市商业银行资产规模于2013—2022年间复合增长率均值高于股份制银行，这说明了近十年城市商业银行经历了较为迅速的规模增长和扩张，也侧面验证了城市商业银行改革转型的发展成果。

第一组别城市商业银行资产规模均值为24 098.50亿元，

2013—2022年年均复合增长率均值为16.4%，为四个组别中增速最快，比股份制银行高5.3%（图3.1）。其中北京银行领跑"万亿俱乐部"，资产规模达33 879.5亿元，已超过部分股份制银行；宁波银行增速最快，2013—2022年年均复合增长率达19.7%，规模扩张迅速（图3.2）。

第二组别城市商业银行资产规模均值为7 286.95亿元，2013—2022年年均复合增长率均值为15.5%，比股份制银行均值高4.4%，但低于第一组别。其中，中原银行在2022年合并洛阳银行、平顶山银行和焦作中旅银行后，当年规模增速达72.4%，资产规模达13 262.7亿元，领跑第二组别，其次是贵州银行，2013—2022年年均复合增长率为21.2%。

第三组别城市商业银行资产规模均值2 419.62亿元，其中桂林银行领跑第三组别，资产规模达4 971.1亿元。同时，第三组别2013—2022年年均复合增长率均值为14.9%，其中泸州银行增速最快，达29%。

第四组别城市商业银行资产规模均值597.99亿元，2013—2022年年均复合增长率均值14.6%，为四个组别中最低，但仍然高于股份制银行。

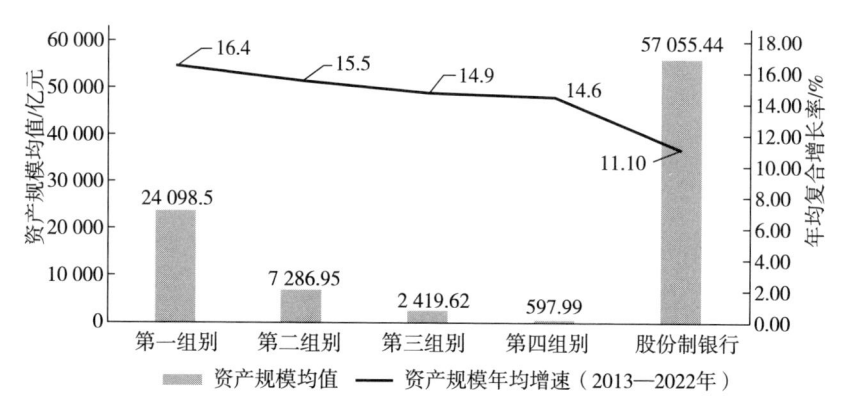

图 3.1 城商行资产规模均值和年均复合增长率与股份制银行均值对比

数据来源：Wind。

注：数据截至 2022 年末。

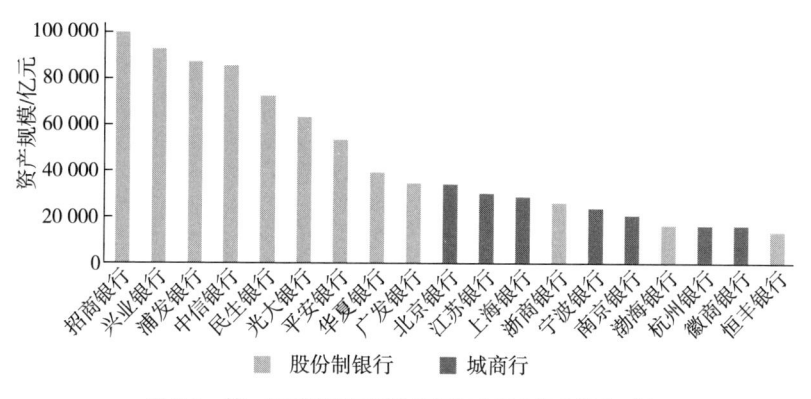

图 3.2 第一组别银行与股份制银行 2022 年末资产对比

数据来源：Wind。

注：数据截至 2022 年末。

我们也关注了 2013—2022 年间各组别城市商业银行资产规模同比增速情况，从中可看出近十年四个组别资产规模发展及扩张的细微差异（图 3.3）。

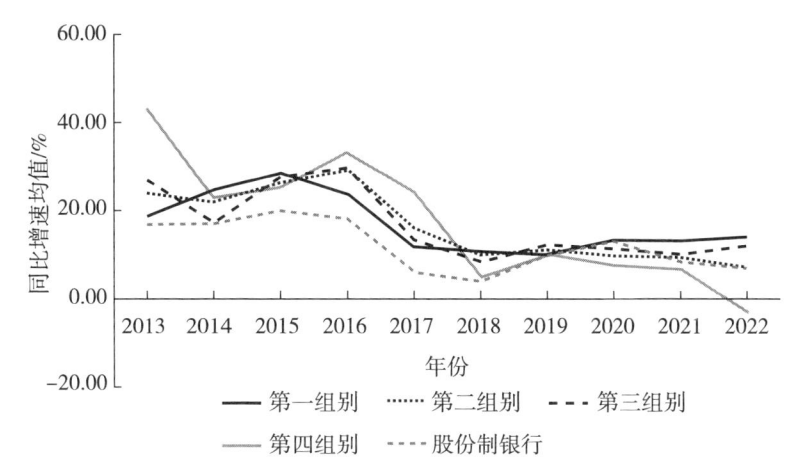

图 3.3　2013—2022 年城商行资产规模同比增速均值与股份制银行均值对比

数据来源：Wind。

2013—2019 年，所有四组城市商业银行资产规模增速普遍高于股份制银行，且整体保持了较快的增速。2019 年之后，城市商业银行规模增长均值逐步被股份制银行赶超，2020 年后开始出现明显分化。

第一组别资产规模在过去十年中始终保持了较快且稳定的增速，表现出"大而稳"的特征。第四组别年均增长率则由 2013 年的 42% 一路波动下降，2022 年甚至出现了规模负增长率 -3.1%，需要额外关注其未来的转型发展之路。

（2）赢利能力

本书选取了资本利润率、净息差、非息收入占比共 3 个赢利能力指标进行均值分析，并与股份制银行及银行业均值进行对比。

资本利润率方面，截至2022年末，仅第一组别城市商业银行均值高于股份制银行、银行业，达到了11.90%（图3.4），展示出比较强的赢利能力。其他组别资本利润率均低于行业均值，基本与规模均值成反比。

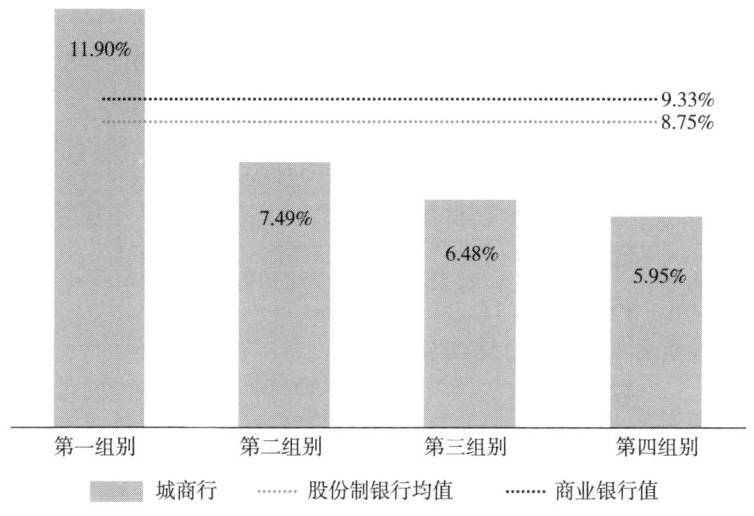

图3.4 城商行资本利润率与股份行、商业银行对比（2022年）

数据来源：Wind。

第一组别的7家城市商业银行中，除北京银行资本利润率为8.21%以外，其他6家城市商业银行的资本利润率均高于商业银行均值9.33%和股份制银行均值8.75%，其中宁波银行最高，达到 14.56%。

第二组别城市商业银行均值 7.49%，整体低于股份制银行均值 9.33%，但从单家银行看，不同银行间差距明显，资本利润率分化严重。其中第二组别有 9 家城市商业银行资本利润率已达到行业均值，成都银行以 17.73% 领跑该组别，盛京银行资本利润率仅 0.91%，远低于组别及行业平均值。

第三组别城市商业银行均值为 6.48%，该组别城市商业银行中 72.4% 的机构资本利润率低于商业银行均值。其中浙江泰隆商业银行 16.50%，为组内最高值；但同时辽沈银行出现了各组别中最低的资本利润率，为 –16.85%。

第四组别已获取的城市商业银行数据中，资本利润率均值为 5.95%，其中江苏长江商业银行 12.37%，为组内最高值，可以突破组别。

由此看来，第二、三、四组内银行间均在不同程度上出现了资本利润率指标的分化现象，银行间差异较大。

净息差方面，在净息差持续收窄的背景下，各组别城市商业银行均值均低于股份制银行均值，但第一组别城市商业银行收窄速度慢于商业银行均值，并保持在相对高位；各组别内部银行间净息差差异普遍明显（图 3.5 及图 3.6）。

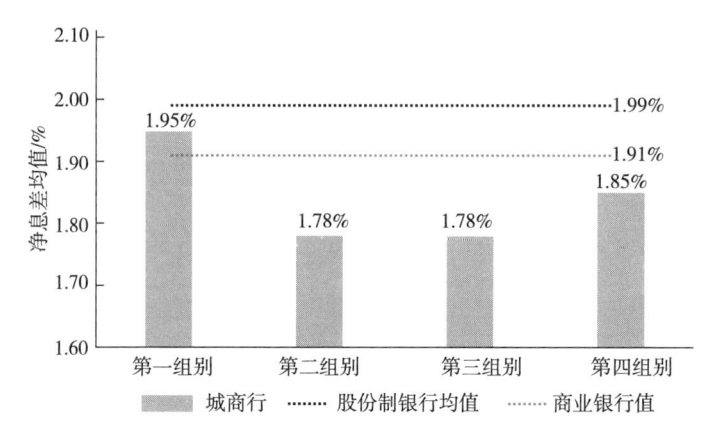

图 3.5　城商行净息差均值与股份制银行、行业均值对比

数据来源：Wind。

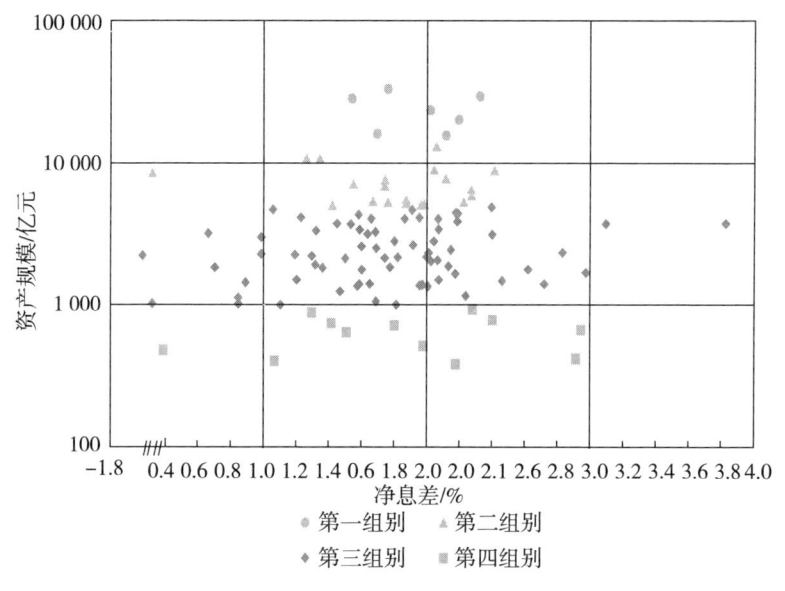

图 3.6　各组别城市商业银行净息差

数据来源：Wind。

截至2022年末,第一组别城市商业银行均值1.95%(图3.7),高于商业银行均值1.91%。其中江苏银行最高,达2.32%;南京银行净息差收窄最慢,2013—2022年仅收窄11bp[①]至2.19%。

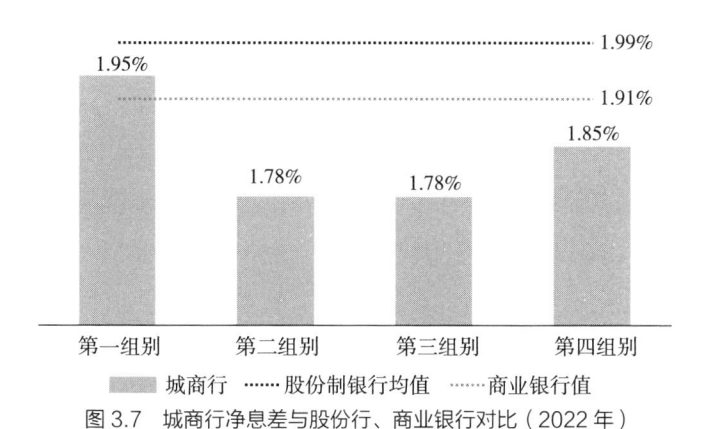

图3.7 城商行净息差与股份行、商业银行对比(2022年)

数据来源:Wind。

第二组别城市商业银行均值1.78%,其中长沙银行净息差2.41%,为最高值。2013—2022年,该组别城市商业银行净息差收窄1.38%,明显快于同期商业银行的0.77%;其中广州银行净息差收窄最慢,2013—2022年间仅收窄25bp至2.11%。从净息差分布来看,组内仅有31.58%的银行位于2.0%—2.5%,其余均位于1.0%—2.0%。

[①] bp:基点,1个基点等于0.01%。

第三组别城市商业银行净息差整体低于行业平均水平，收窄速度较快，且机构间差异明显。其中，浙江泰隆商业银行净息差3.83%，为城市商业银行最高值。从净息差分布来看，组内仅有34.78%的银行位于2.0%—4.0%，其余均位于-2.0%—2.0%。

第四组别中已披露净息差数据的12家银行的净息差均值为1.85%，其中遂宁银行为2.94%，为组内最高。

非息收入占比方面，截至2022年末，第一组别城市商业银行均值29.03%，同时高于商业银行、股份制银行均值；第二组别城市商业银行均值20.39%，高于商业银行均值18.80%；其余两个组别均低于行业均值（图3.8）。

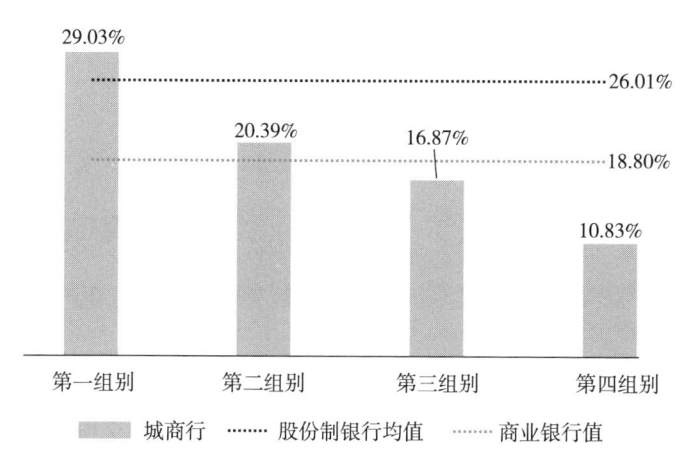

图3.8 城商行非息收入占比与股份行、商业银行对比（2022年）

数据来源：Wind。

截至 2022 年末，第一组别中南京银行非息收入占比最高，达 39.54%；第二组别中苏州银行非息收入占比最高，达 29.09%；第三组别中蒙商银行非息收入占比最高，达 66.46%；第四组别已有数据中哈密市商业银行非息收入占比达 78.11%，为所有城市商业银行中最高。

通过上述三个赢利能力指标综合来看：

第一组别城市商业银行资本利润率、净息差和非息收入占比均高于商业银行均值，展示出了较强的赢利能力。

第二组别、第三组别城市商业银行间赢利能力分化问题较为突出，组内不同机构资本利润率、净息差和非息收入差异明显，领先机构和落后机构间差距巨大。

第四组别披露信息尚不规范完整，已有信息仍呈现出了组内各银行间的明显差异，其中净息差和非息收入占比指标均出现了所有城市商业银行中的突出银行个体。

（3）资产质量

根据 2022 年四季度央行金融机构评级结果，346 家高风险的金融机构中，城市商业银行有 16 家，占城市商业银行总数的 12.8%，高风险机构占比明显高于农信机构、村镇银行和民营银行及其他。本书进一步选取不良贷款率、拨备覆盖率作为衡量资产质量的参考指标，对四组城市商业银行进行分析。

不良贷款率方面，依托良好的区域经济基础和较强的风控能力，第一组别城市商业银行不良贷款率低于商业银行平均水平，与其他组别拉开差距。第二、三、四组别城市商业银行整体不良贷款率均高于商业银行均值1.63%，且机构间资产质量分化问题较为突出。

截至2022年末，第一组别城市商业银行平均不良贷款率1.08%，低于商业银行均值1.63%和股份制银行均值1.44%，资产质量优势明显。其中北京银行不良贷款率最高，达1.43%；杭州银行不良贷款率最低，仅为0.77%。

第二组别城市商业银行中，盛京银行不良贷款率3.22%，为该组别最高值；成都银行不良贷款率最低，仅为0.78%。从不良资产率分布来看，盛京银行、哈尔滨银行等5家机构不良资产率超过2%，组内47.37%的银行位于1.5%—3.5%，52.36%的银行位于0.5%—1.5%，资产质量分化问题突出。

第三组别城市商业银行中，辽沈银行不良贷款率最高，达4.67%；湖州银行不良贷款率最低，仅为0.67%。从不良资产率分布来看，组内20.6%的银行不良资产率高于2%，54.0%的银行不良资产率高于商业银行均值，风险问题较为突出。

已获取到数据的第四组别城市商业银行中，54.6% 的银行不良资产率高于商业银行均值，风险问题突出。其中，曲靖市商业银行不良贷款率最高，为 3.26%；哈密市商业银行不良贷款率最低，仅为 1.17%。

拨备覆盖率方面，截至 2022 年末，四个组别的拨备覆盖率均高于股份制银行及商业银行均值，展示出了较强的风险抵补能力。其中，第一组别拨备覆盖率均值为 372.50%，明显高于其他组别。但第二、三、四组别内部分别有 52.63%、61.84%、72.73% 的城市商业银行拨备覆盖率不足 200%，风险抵补能力有待进一步加强（图 3.9）。

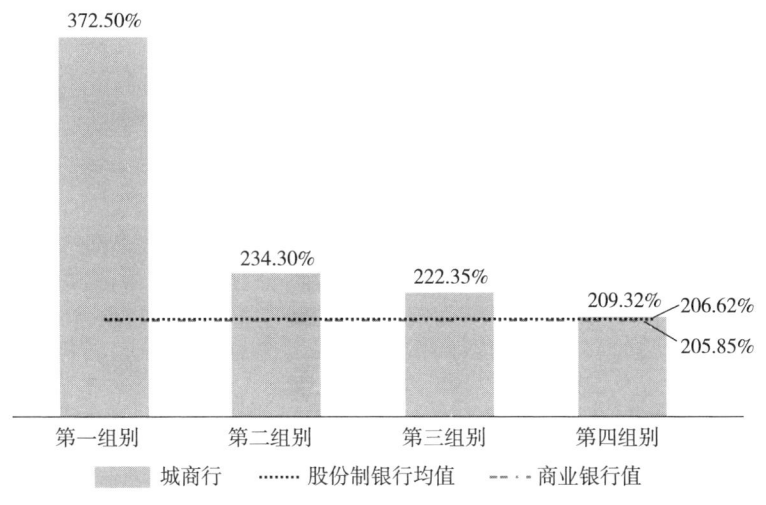

图 3.9 城商行拨备覆盖率与股份行、商业行对比（2022 年）

数据来源：Wind。

（4）机构布局

银行自身经营发展与所在区域经济发展情况息息相关。笔者将各组别城市商业银行总行机构所在经济区域、各区域经济发展情况进行了匹配梳理（表3.2）。

第一组别城市商业银行总行几乎都位于经济高度发达地区，区域内网点众多、竞争力强，同时在此基础上实现了对区域外全国重要城市的网点布局，网点机构众多，城市覆盖度高。

第二组别城市商业银行分布广泛，所在区域经济发展差异较大。虽然多数机构在省外进行了网点布局，但网点数量少、城市覆盖度低。

该组别机构总行大多位于省会或经济发达城市，基本覆盖了东部、西部和中部各主要省份。区域分布广泛，各机构所在区域经济发展差异较大，也一定程度造成了机构间经营业务的差异。

第三组别城市商业银行数量众多，分布广泛，但多数位于经济欠发达地区，如中国西北部（甘肃、青海、新疆、内蒙古等）、中国东北部（辽宁等）、中国西南部（云南、重庆等）。在第三组别城市商业银行中，仅44%的银行分布在GDP前10位的地区。

第三章 我国中小银行经营发展

表3.2 各组别城市商业银行总行机构所在经济区域、各区域经济发展情况

省(市)	排名	区域GDP 规模/亿元	区域GDP 平均增速/%	第一组别 银行数量/家	第一组别 平均资产规模/亿元	第一组别 平均增速/%	第二组别 银行数量/家	第二组别 平均资产规模/亿元	第二组别 平均增速/%	第三组别 银行数量/家	第三组别 平均资产规模/亿元	第三组别 平均增速/%	第四组别 银行数量/家	第四组别 平均资产规模/亿元	第四组别 平均增速/%
广东	1	129 119	8.50	2	—	—	2	6 662	12.70	3	3 187	14.20	—	—	—
江苏	2	122 876	8.50	2	25 199	17.60	1	5 246	13.80	—	—	—	1	424	16.30
山东	3	87 435	5.40	—	—	—	2	5 178	18.50	9	2 094	15.70	2	556	11.80
浙江	4	77 715	8.40	2	19 913	19.30	2	9 589	20.40	10	2 436	16.10	1	125	1.50
河南	5	61 345	7.40	—	—	—	—	—	—	—	—	—	—	—	—
四川	6	56 750	8.90	—	—	—	1	9 177	15.00	6	1 838	15.80	5	745	18.90
湖北	7	53 735	9.00	—	—	—	1	5 057	12.30	1	4 036	16.30	—	—	—
福建	8	53 110	10.40	—	—	—	1	10 881	17.20	3	2 496	13.80	—	—	—
湖南	9	48 670	7.90	—	—	—	—	9 047	18.70	4	4 487	13.10	—	—	—
安徽	10	45 045	10.00	1	15 802	17.10	—	—	—	—	—	—	—	—	—
上海	11	44 653	8.40	1	28 785	12.80	—	—	—	—	—	—	—	—	—
河北	12	42 370	4.60	—	—	—	—	—	—	10	2 388	18.30	—	—	—
北京	13	41 611	8.80	1	33 880	10.90	—	—	—	—	—	—	—	—	—
陕西	14	32 773	8.30	—	—	—	—	—	—	2	4 215	15.10	—	—	—
江西	15	32 074	9.40	—	—	—	1	5 156	16.80	3	3 207	18.00	—	—	—
重庆	16	29 129	9.70	—	—	—	1	6 847	14.20	1	2 629	14.70	—	—	—
辽宁	17	28 975	0.80	—	—	—	—	9 669	17.30	7	1 302	未披露	5	未披露	未披露
云南	18	28 954	10.60	—	—	—	2	—	—	2	2 488	20.10	1	648	16.80

077

续表

省（市）	排名	区域GDP 规模/亿元	区域GDP 平均增速/%	第一组别 银行数量/家	第一组别 平均资产规模/亿元	第一组别 平均增速/%	第二组别 银行数量/家	第二组别 平均资产规模/亿元	第二组别 平均增速/%	第三组别 银行数量/家	第三组别 平均资产规模/亿元	第三组别 平均增速/%	第四组别 银行数量/家	第四组别 平均资产规模/亿元	第四组别 平均增速/%
广西	19	26 301	6.90	—	—	—	—	—	—	3	3 722	16.60	—	—	—
山西	20	2 564 259	8.20	—	—	—	—	—	—	2	3 286	11.00	—	—	—
内蒙古	21	—	0.00	—	—	—	—	—	—	3	1 587	12.10	—	—	—
贵州	22	20 165	10.80	—	—	—	2	5 899	20.80	—	—	—	—	—	—
新疆	23	17 741	8.70	—	—	—	—	—	—	3	2 274	8.30	3	未披露	未披露
天津	24	16 311	1.40	—	—	—	1	7 611	7.20	—	—	—	—	—	—
黑龙江	25	15 901	1.10	—	—	—	1	7 127	9.20	1	2 989	6.30	—	—	—
吉林	26	13 070	0.10	—	—	—	1	5 614	8.80	—	—	—	—	—	—
甘肃	27	11 202	6.70	—	—	—	—	—	—	2	4 066	16.80	—	—	—
海南	28	6 818	9.00	—	—	—	—	—	—	1	1 040	未披露	—	—	—
宁夏	29	5 070	7.90	—	—	—	—	—	—	1	1 847	9.80	1	745	8.10
青海	30	3 610	6.20	—	—	—	—	—	—	1	1 105	9.40	—	—	—
西藏	31	2 133	11.40	—	—	—	—	—	—	—	—	—	1	516	未披露
数量/资产规模合计				7	168 691		20	145 757		76	182 883		22	7 774	
平均增速						16.40			14.70			15.30			14.60

数据来源：Wind。

注：数据截至 2022 年末。

078

第四组别城市商业银行分布较为分散，发达与不发达地区均有覆盖。

网点分布统计分析方面，笔者着重关注各城市商业银行拥有域外（异地）网点的情况，并进一步获取域外网点分布占比信息，与股份制银行进行对比分析。①

网点布局方面，借助早年发展优势和政策支持，第一组别城市商业银行基本完成了在全国主要城市的网点布局（图3.10），域外网点总数占网点总数的占比为30.0%，部分机构甚至完成了海外分支机构（代表处）的设立，在跨区经营管理方面拥有较好的经验基础。以北京银行为例，目前在上海、深圳、南京、杭州、苏州、青岛等26个城市设有分行，拥有约400家网点，占网点总数的62.5%，且在中国香港和荷兰阿姆斯特丹设有代表办事处。

第二组别除中原银行、广州银行、郑州银行、贵州银行和青岛银行外，其余14家银行机构均在省外进行了网点布局。其中天津银行和重庆银行异地分行数量最多，达11家，其余机构仅在邻近区域省会城市或重点城市进行了布局，异地分行在1—4家，且异地分支机构资产规模较小，对于全行的贡献

---

① 域外网点信息来自国家金融监督管理总局网站，详见 https://xkz.cbirc.gov.cn/jr/。

有限。以成都银行和重庆银行为例，异地分支机构资产占全行资产的比值分别为7.9%、12%。整体来看，在区域覆盖度和异地网点数量上，与第一组别差距明显。

第三组别多数机构仅在所在省份区域内布局网点，仅厦门银行、河北银行等23家机构在1—3个重点城市设有分行，占比仅为30.1%。其中大连银行区域覆盖率最高，在天津、上海、成都、重庆、北京拥有5家分行。对第三组别来说，异地分行由于起步较晚、品牌知名度不高、缺少区域资源等，业务开展困难、上量较慢，容易发生风险事件。

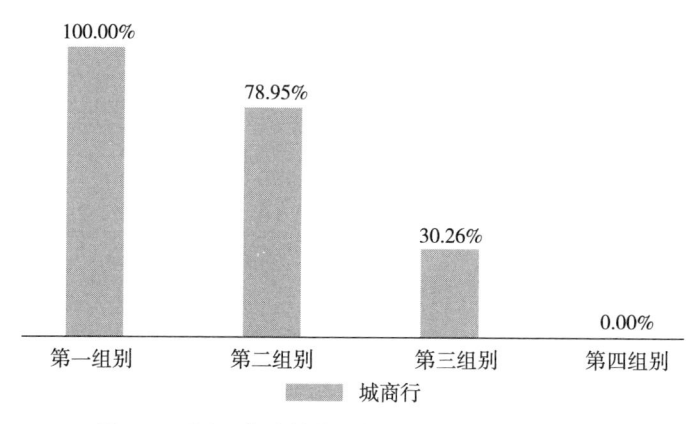

图3.10 各组别拥有域外网点的城商行占比（2022年）

数据来源：Wind。

（5）资质牌照

本书通过统计各组别拥有银行类金融及非银金融资质牌照

情况，并结合中收占比，来评估各组别城市商业银行各类业务经营状况。

非银金融牌照方面，不同组别间差距明显。第一和第二组别城市商业银行牌照完善程度较高，第三组别城市商业银行非银牌照布局较弱，第四组别则普遍不具备非银金融牌照（表3.3）。

表3.3 各组别拥有银行类金融及非银行类金融资质牌照情况

银行	金融租赁	消费金融	理财子	汽车金融	信托	保险	基金	平均牌照数据	备注
第一组别	71%	71%	86%	—	—	14%	43%	2.9	北京银行持有非银金融牌照最多，达5个
第二组别	55%	30%	10%	—	—	—	—	1.0	普遍持有金租和消费金融牌照
第三组别	8%	8%	—	1%	—	—	—	0.3	仅13家拥有非银金融牌照，且最多持有1个
第四组别	—	—	—	—	—	—	—	0.0	从可查数据来看，基本无非银牌照

数据来源：Wind。

注：数据截至2022年末。

第一组别城市商业银行积极布局综合金融，持续完善银行类业务牌照，获取非银金融牌照，打造综合化金融解决方案，业务拓展方面明显优于其他组别。近年来，在自身发展和政策要求下，第一组别城市商业银行纷纷设立理财子、消费子、金融租赁等非银金融机构，获得了媲美部分股份制银行的综合实力。第一组别中，目前已基本完成金融租赁牌照、理财子牌照、消费金融牌照等基础类非银牌照获取，以及基金托管等进阶银行业务牌照的获取。其中北京银行、宁波银行等领先机构还拥有基金、保险等进阶类非银牌照。

第二组别中，除厦门国际银行、广州银行、吉林银行、东莞银行、贵州银行和齐鲁银行外，其余14家银行都至少拥有一张非银金融牌照。第二组别城市商业银行拥有的牌照以金融租赁和消费金融为主，如哈尔滨银行、重庆银行；部分机构拥有理财子牌照，如青岛银行、苏州银行。成都银行、青岛银行和苏州银行还拥有过基金托管牌照。本组别拥有的资质牌照相对基础，更多是出于突破展业区域限制和顺应政策导向考虑进行申请，未来仍有较大的完善空间。

第三组别中，仅河北银行、长安银行、兰州银行、厦门银行等13家机构在较为完善的银行业务牌照的基础上实现了金融租赁或消费金融牌照的获取，占比仅为17.1%。多数机构受限于自身发展水平、区域经济和监管规定，在各类银行业务牌照资质的获取上仍有较大提升空间，相关业务也因牌照资质的缺失而无法开展，难以充分满足区域各类主体的金融需求。在上层银行下沉市场背景下，第三组别城市商业银行在区域内的竞争力呈现相对弱化迹象。

第四组别普遍没有非银金融牌照。

中间业务收入方面，得益于完善的银行业务类资质牌照，第一组别城市商业银行积极开展债券承销、理财、托管等各类中间业务，近年来中间业务收入规模不断扩大、占比持续提升，甚至已超过股份制银行。

2022年，第一组别城市商业银行中间业务收入规模在40亿—75亿元之间。其中，宁波银行中收规模最大，达74.7亿元。中间业务收入占比均值11.76%（图3.11）。其中，杭州银行中间业务收入占比最高，达14.2%，高于华夏银行、浙商银行和恒丰银行。

受资质和能力等诸多因素影响，第二组别城市商业银行中间业务种类较少、规模较小、占比较低。2022年，第二组别城市商业银行中间业务收入规模为3亿—18亿元。其中中原银行中收规模最大，达17.83亿元。中间业务收入占比均值仅为6.71%，与第一组别相比差距明显。其中苏州银行中间业务收入占比最高，达11.2%。

银行业务资质方面，第三组别多数机构受限于自身发展水平、区域经济和监管规定，在各类银行业务资质的获取上仍有较大提升空间。截至2022年末，第三组别城市商业银行中间业务收入占比均值仅为2.80%,甚至有10家银行中间业务收入占比为负。

对于普遍资质和能力均受限的第四组别城市商业银行而言,中收占比平均仅为1.37%,仅有1家宁波东海银行中收占比高于5%,为14.17%。

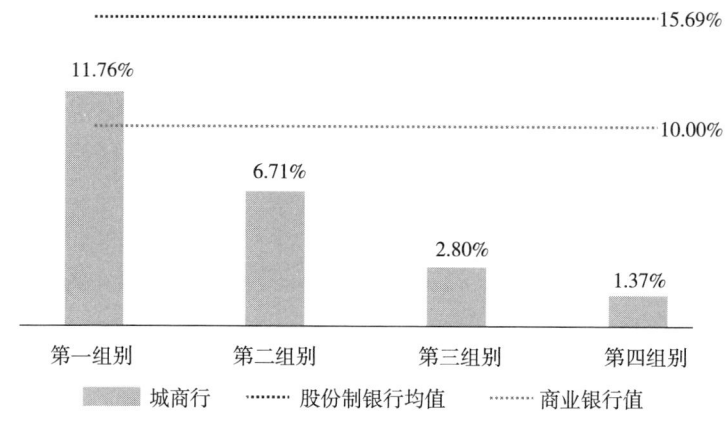

图3.11 城商行中收占比均值与股份制银行、行业均值对比

数据来源:Wind。

(三)发展建议

基于上述分组研究讨论,本书按照经营发展现状将城市商业银行分为如下发展类别。

1. 向上突破，打破行业发展天花板

（1）已经触及天花板的机构

城市商业银行第一组别中的头部机构，它们在资产规模、资质牌照、网点布局等方面已与股份制银行无过多差异，赢利能力和资产质量甚至优于股份制银行，在金融风险传染性方面也与股份制银行几乎无异。但受限于监管对于区域性银行展业区域和业务范围的限制，一定程度造成了资产负债不匹配而产生的金融风险问题在特定区域的聚集，且无法有效通过区域布局和金融工具应用予以缓释，容易造成金融风险的生成与传播。

此类别城市商业银行未来完全可以考虑持续对标股份制银行，升级商业模式，推动经营管理能力建设，以强化市场化运营和竞争能力，提升综合实力，适时实现向上突破。

（2）有潜力触及天花板的机构

城市商业银行第二和第三组别中存在少数具有"触及天花板"潜力的银行，其中包括万亿规模大银行、领先城市的商业银行和新成立的省级银行。

针对其中拥有"向上突破"意愿的机构，可对标第一组别领先机构，并从自身实际出发，补短板、锻长板，强化能力建设，尤其是异地经营和风险管控能力，适当提升综合金融服务

实力；在严控金融风险的基础上，合理推动规模增长，最终实现在更广阔的市场空间中与各类同业机构竞争成长。

2. 深耕本地，扭转固有规模情结

对于第二、第三和第四组别中多数机构，其规模已经达到其所在区域承载上限，但在业务经营与管理质量方面尚有较多提升点。

针对这部分机构，未来需扭转长期固有的规模情结，注重长期可持续赢利能力的提升，实现从"规模情结"向"高质量发展"的跨越；依托零售转型和产业金融建设，推动业务结构和客户基础优化；相应升级风险管理体系，强化抗风险能力，持续提升资产质量；完善公司治理机制、内控及风险管理体系，严守风险底线，逐步与区域政府解绑，提升市场化运营能力。未来可以继续鼓励其深耕本地，为区域提供优质的基础金融服务，保证金融服务在区域内的可获得性。

3. 化解风险，应对生存发展挑战

第三、第四组别中存在部分城市商业银行规模较小，公司治理、内控及风险管理体系不完善，抗风险能力差，"在存量风险化解、隐藏风险暴露、新增风险防范"三重压力下，银行持续经营乃至存活都面临较大挑战。未来，这类银行需在"活下去"后，再逐步提升经营管理，优化金融服务质效。

整体来看，该组别银行多位于经济欠发达地区，本地市场空间较小，近年来面临来自大行和本地农信机构的激烈竞争，业务拓展难度与日俱增，未来或将面临被兼并或者整合的局面。其高质量发展应首先推动风险的化解，再以商业模式和风控模式设计，提升金融服务质效、把控各类风险。在完成风险化解之后，通过产业金融、供应链金融等商业模式设计，在把控实质性风险的基础上，提升金融服务的精准性、及时性和可获得性。因此，需要从"风险适配"角度出发，推动高质量转型，实现可持续发展。

二、农信机构

（一）定位、发展沿革及价值贡献

农村信用社成立于 20 世纪 50 年代初期，距今已有 60 多年的发展历史。在前期发展过程中，农村信用社在体制上曾经历了多次重大变革，承接了农村基金会、城市信用社的不良资产，2002 年已陷入了整体资不抵债、技术性破产的境地。2003 年，国务院启动农村信用社改革试点工作，原银保监会牵头各有关部门和省级人民政府负责组织实施，经过 9 年的努力，取得了重大进展和阶段性成果，农村信用社面貌发生了历史性的变化，整体步入了健康发展的轨道。现在有很多农村信用社都已经更名为了农村商业银行。中国原银保监会鼓励符合条件的农村信用社改制组建为农村商业银行，未来农村合作银行也要改制成为农村商业银行。

1. 初创发展阶段（1951—1957 年）

在中华人民共和国成立初期，农民根据自愿原则集资入股，建立合作金融组织。20 世纪 50 年代初期，党中央召开了全国第一次金融工作会议，决定在全国范围内试办农村信用合作组织，农村信用社应运而生，成为农村金融市场上覆盖面最大的供给主体，与生产合作、供销合作共同构成了我国合作制经济体系。发展初期的农村信用社坚持了民主管理、互助合作等合作制理念，迅速发展壮大，成为我国农村金融的主要力量。

2. 曲折受挫阶段（1958—2002 年）

起初，农村信用社管理权不断转移。20 世纪 60 年代以后，管理权不断转移，先是下放给人民公社管理，接着下放给生产大队管理，随后移交给农民管理，再后来交给中国人民银行集中管理。1979 年，农业银行恢复后，农村信用社正式划归农业银行领导。

而后，农村信用社恢复"三性"。为解决在长期计划经济体制下，农村信用社体制僵化、服务落后等问题，1980 年起，按照中央要求，农业银行开展了以恢复农村信用社"组织上的群众性、管理上的民主性、业务上的灵活性"为主要内容的改革试点工作。1984 年，国务院批转了中国农业银行《关于改革信用合作社管理体制的报告》，对改革方向、政策措施做出规定，改革工作全面展开，但没有达到预期效果。

接着，农村信用社与农业银行脱钩。1996 年 8 月，国务院下发《关于农村金融改革的决定》，明确提出，农村信用社与中国农业银行脱离行政隶属关系，分别由农村信用社县联社和中国人民银行承担其业务管理和金融监管职责。行社"脱钩"后，农村信用社进入了自我管理、独立发展的新阶段。

再接着，规范"合作制"试点。按照国务院要求，从 1996 年底开始，中国人民银行在浙江海宁市组织开展农村信用社规范合作制试点，并逐步在全国范围内推广。但由于农村信用社经历多次体制变革后，在各方面已完全背离合作制的宗旨，改革完全没有取得效果。这次改革证明，我国农村信用社已不可能再重回合作制道路。

此后，新的改革试点。2000年，经国务院同意，中国人民银行又在江苏全省进行了新的改革试点，主要内容是，实行以县为单位统一法人，组建江苏省联社，并在常熟、江阴、张家港等三个经济发达的县（市）试点组建了股份制的农村商业银行。在此基础上，全国还试点组建了5家省级联社、5家省级协会、65家地市级联合社。

3. 全面深化改革阶段（2003年至今）

2003年，国务院正式下发了《深化农村信用社改革试点方案》，正式启动新一轮农村信用社改革试点工作。改革首先在江西、吉林、贵州、重庆、江苏等8省市试点，2004年将试点范围扩大到全国29个省（区）市，2006年海南省加入试点范围，至此改革在全国范围内展开。这一轮改革有三个特点：一是将农村信用社管理和风险责任移交省级政府承担，构建以省联社为平台的新的管理体制框架。全国范围内组建25

家省联社，北京、天津、上海、重庆、宁夏组建了省（市）级农村商业银行。二是提出多元化的产权改革思路，探索实施了股份制、股份合作制等多种产权模式。2006年，正式确立了股份制改革方向，全面推进股份制改革，积极推动农村信用社和农村合作银行改制组建为农村商业银行。三是综合运用财政补贴、税收减免、专项票据置换不良资产等方式，帮助农村信用社化解历史包袱，改善财务状况，共向农村信用社发行了1700亿元的央行专项票据用于置换历年亏损挂账和不良贷款，累计减免营业税、所得税近800亿元。

从现实来看，省联社模式改革在农村信用社消化历史包袱、解决内部人控制等方面发挥了重要作用，基层农村信用社的管理水平与经营能力也得到了持续提升。但随着农村信用社转组为农村商业银行日益成为未来发展新趋势，省联社自上而下的行政管理关系与农村信用社自下而上的股权关系矛盾逐渐突出。此外，在银行数字化转型阶段，鉴于省联社的金融科技水平、产品创新能力有待提高，不能有效满足基层农村信用社的多样化需求，不能达到基层农村信用社在新形势下的竞争要求。

2019年中央经济工作会议和2020年中央一号文件，明确提出深化农村信用社改革。2020年5月末，国务院金融稳定委员会办公室发布 11 条重大改革的规划，其中提到要"制定《农村信用社深化改革实施意见》，保持县域法人地位总体稳定，强化正向激励，统筹做好改革和风险化解工作"，现行农村信用社的省联社管理体制将迎来新一轮的改革。

（二）现状及存在的问题

我国农村金融机构经营历史普遍较长，在经营区域内客户基础扎实，是我国农村金融服务的主要提供者之一，也是我国金融体系的重要组成部分。农信机构数量众多，区域分布广泛。至 2022 年末，农村商业银行 1606 家、农村合作银行 23 家、农村信用联社 548 家，三类农信机构法人数量合计占全国银行业金融机构法人的 47.67%。农信系统总资产约 48 万亿元，在银行业中占比约 12.6%。随着区域城镇化推进和自身发展，部分农信机构与城市商业银行间差异不再明显，甚至在经营绩效上好于同级别城市商业银行。

但农信机构间分化明显，整体不良率较高，风险问题突出。根据 2022 年四季度央行金融机构评级结果，346 家高风险的金融机构中，农信机构 202 家，约占农信机构总数的 9%。

截至 2022 年末，农村商业银行整体不良资产率为 3.22%，远高于大型商业银行、股份制商业银行和城市商业银行（分别为 1.31%、1.32%、1.85%）。

考虑到农信机构的差异化特征，笔者也对其采用分层分类的研究方法，结合资产规模、赢利能力、资产质量、机构布局、资质牌照等风险特征，将农信机构分为 4 个组别（表 3.4），对比分析得出如下特征。

表3.4 农信机构各组别情况

银行	资产规模/亿元	数量/家	规模占比/%	代表机构
第一组别	≥10 000	—	—	
第二组别	5000—<10 000	8	15.1	重庆农商银行、上海农商银行、江南农商银行……
第三组别	>1000—<5000	34	15.1	顺德农商银行、杭州联合银行、常熟农商银行……
第四组别	≤1000	1570+	69.8	乐青农商银行、黄河农商银行、惠州农商银行……

注：1. 关于组内资产规模合计占农村商业银行总资产规模的比值，截至 2022 年末，中国农村金融机构总资产为 50.01 万亿元，第四组别资产总计和占比为倒算值。

2. 渝农商、沪农商、广州农商、北京农商 4 家农村商业银行资产规模破万亿，但其网点布局基本在省（直辖市）内，尚未具备成熟的异地展业经验，且资质牌照完整度较低，因此放入第二组别进行讨论。

1. 分组情况

（1）第二组别

第二组别农信机构包括 8 家农村商业银行，其中上市银行 5 家，均位于城镇化率较高的经济发达区域。资产规模均在 5000 亿元以上，其中 4 家已破万亿。赢利能力强于同组别城市商业银行，且未出现明显分化。不良贷款率较低，拨备覆盖率高。

（2）第三组别

第三组别农信机构包括 34 家农村商业银行，其中上市银行 9 家。该组别农村商业银行分布较为分散，但多数都位于城镇化率较高的经济较发达区域，单家资产规模大于 1000 亿小于 5000 亿。在经营区域上，网点主要集中在新城区和县域，近年来逐步向城区渗透。但与区域城市商业银行相比，在产品服务、数字化水平等方面仍有差距，且风险问题相对突出。

（3）第四组别

第四组别农信机构包括 1564 家农村商业银行、548 家农村信用社、23 家农村合作银行，资产规模约占农村金融机构总资产的 70%。该组别机构数量多、类型多，在区域分布上十分广泛。单家规模均在 1000 亿及以下，资产规模小，经营管理不规范，风险机构数量较多，整体风险较大。

2. 指标分析

（1）资产规模

整体来看，农信机构规模情结较弱，在资产规模扩张的速度上慢于商业银行平均水平。农村金融机构资产规模2013—2022年复合增长率均值为10.74%，明显低于商业银行均值19.25%。2022年末农信机构资产规模均值与增速如图3.12。

第二组别共计8家农村商业银行，资产总计75 474.28亿元，约占农信机构资产总额的15%；重庆农村商业银行资产规模领跑，达13 518.6亿元，高于诸多城市商业银行。资产规模年均复合增长率（2013—2022年）均值为11.80%，增速明显低于商业银行均值；东莞农村商业银行资产规模增速领跑，资产规模年均复合增长率（2013—2022年）达14.02%。

第三组别共计34家农村商业银行，资产总计77 081.3亿元，约占农村金融机构总资产的15%；其中顺德农村商业银行资产规模领跑，达4 432.8亿元。年均复合增长率（2013—2022年）均值为13.43%，高于第二组别但仍低于商业银行均值；其中贵阳农村商业银行增速最快，达17.84%。

第四组别机构众多，包括农村商业银行、农村信用社和农村合作银行，资产规模约占农信机构总资产的 70%，但各机构资产规模较小，且数据不全，因此不做详细讨论。

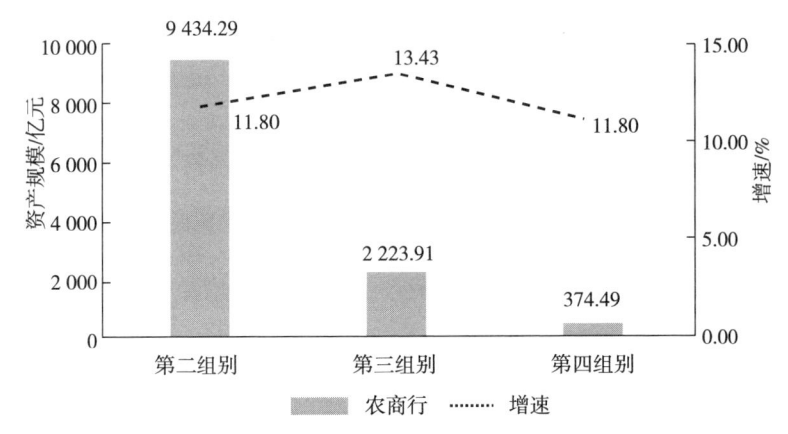

图 3.12　2022 年末农信机构资产规模均值与增速

数据来源：Wind。

（2）赢利能力

本书选取了资产利润率[①]、净息差和非息收入占比进行均值分析，并与商业银行均值进行对比分析。

资产利润率方面，以农村商业银行为代表的农信机构资产利润率整体低于商业银行，且收窄速度更快。以农村商业银行为

---

① 农信机构资本利润率数据不全，为保证分析的完整性和准确性，故选用资产利润率进行对比分析。

例，2022年末农村商业银行资产利润率0.53%，较商业银行资产利润率低0.23%；且在收窄幅度上，2014—2022年农村商业银行资产利润率收窄幅度为0.86%，远高于商业银行的0.47%。

截至2022年末，第二组别农信机构资产利润率均值为0.79%，高于商业银行均值0.76%（图3.13）。具体来看，8家机构中仅广州农村商业银行、北京农村商业银行和江南农村商业银行3家资产利润率低于商业银行均值。其中东莞农村商业银行资产利润率最高，达1.05%；广州农村商业银行最低，仅为0.34%。

第三组别农信机构资产利润率均值为0.72%，低于商业银行均值0.76%。具体来看，34家机构中13家资产利润率低于商业银行均值，占比38.24%。其中江苏昆山农村商业银行组内最高，为1.14%；延边农村商业银行组内最低，为-0.61%。

净息差方面，以农村商业银行为代表的农信机构净息差绝对值高于商业银行，但净息差收窄速度也更快。以农村商业银行为例，2022年末农村商业银行净息差2.10%，绝对值高于商业银行净息差1.91%；但收窄幅度上，2012—2022年农村商业银行净息差收窄0.85%，远高于商业银行的0.19%。

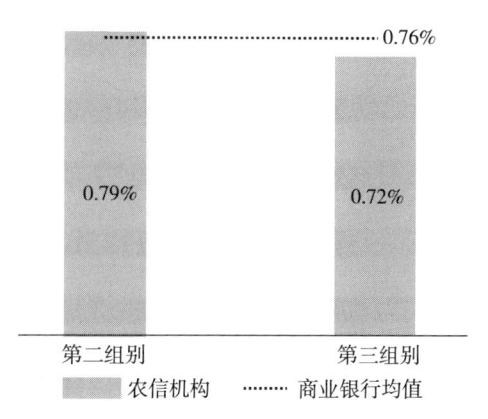

图 3.13　农信机构资产利润率与商业银行对比（2022年）

数据来源：Wind。

截至2022年末，第二组别农信机构净息差均值1.85%，低于商业银行均值1.91%（图3.14）。主要是由于上海农村商业银行、广州农村商业银行和北京农村商业银行净息差较低，其中北京农村商业银行净息差近1.13%，为组内最低。江南农村商业银行净息差2.20%，为组内最高。

第三组别农信机构净息差均值1.94%，高于商业银行均值1.91%。其中浙江温州鹿城农村商业银行净息差3.36%，为组内最高值。从净息差分布来看，组内38.25%的银行位于2%以上，52.94%的银行高于商业银行均值1.91%。组内净息差整体高于行业平均水平，且机构间差异相对较小。

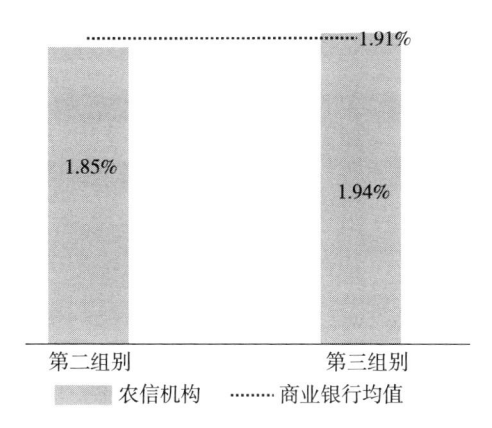

```
                          ┄┄┄┄┄┄┄┄┄┄┄┄┄┄┄┄ 1.91%
         1.85%                1.94%

          第二组别              第三组别
       ▓ 农信机构    ┄┄ 商业银行均值
```

图3.14 农信机构净息差与商业银行对比（2022年）

数据来源：Wind。

非息收入占比方面，农信机构业务结构传统，以存贷为主，收入依赖息差，非利息收入规模一般较小、占比较低。具体来看，截至2022年末，第二组别农信机构均值为17.48%（图3.15），低于商业银行均值。其中江南农村商业银行非息收入占比最高，达21.29%。第三组别农信机构均值为18.80%，与商业银行均值持平。唐山农村商业银行非息收入占比最高，达47.13%。

通过上述三个赢利能力指标综合来看，第二组别农信机构赢利能力较强，且机构间差异较小，而第三组别农信机构赢利能力相对较弱且分化问题较为突出，组内不同机构资产利润率、净息差和非息收入占比差异明显，领先机构和落后机构间差距较大。第四组别披露信息尚不规范完整，但从已有资料来看，组内机构面临较大的赢利压力。

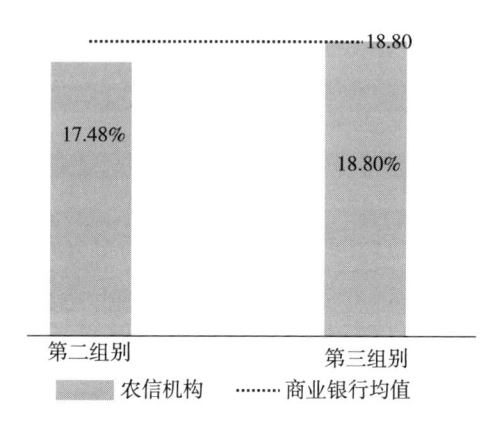

图 3.15　农信机构非息收入占比与商业银行对比（2022 年）

数据来源：Wind。

（3）资产质量

本书选取不良贷款率、拨备覆盖率作为衡量资产质量的参考指标进行分析。

不良贷款率方面，农信机构受限于区域、客群和自身能力等因素，不良贷款率较高。近年来虽有所改善，不良贷款率呈下降趋势，但与城市商业银行及行业平均水平相比仍处于较高水平，且区域分化较为明显。数据显示，2022 年末，农村商业银行不良贷款余额为 7546 亿元，不良贷款率为 3.22%，高于大型商业银行、股份制银行、城市商业银行等机构。

截至2022年末，第二组别农信机构整体不良贷款率较低，资产质量较优。组内平均不良贷款率为1.21%，低于商业银行均值1.63%和城市商业银行均值1.85%。其中广州农村商业银行不良贷款率最高，达2.11%；深圳农村商业银行和东莞农村商业银行不良贷款率均为0.90%，并列组内最低。

第三组别农信机构整体不良贷款率较高，资产质量有待优化。组内平均不良贷款率为1.68%，高于商业银行均值1.63%，但明显低于农村商业银行均值3.22%（图3.16）。其中，海口农村商业银行不良贷款率为组内最高，达4.74%；宁波慈溪农村商业银行不良贷款率最低，仅为0.45%。从不良资产率分布来看，组内31.0%的银行不良资产率高于2%，44.8%的银行不良资产率高于商业银行均值。

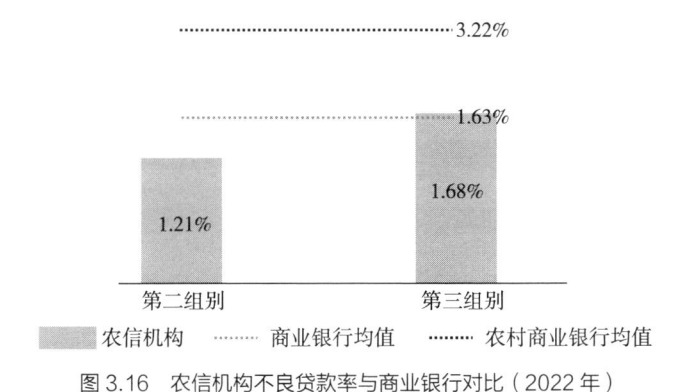

图3.16 农信机构不良贷款率与商业银行对比（2022年）

数据来源：Wind。

第四组别农信机构规模小，经营管理不规范，不良贷款规模大、风险机构多，面临较大的金融风险化解压力。

拨备覆盖率方面，农信机构由于信贷资产质量下行压力上升带来的拨备计提需求相对较大，叠加赢利能力弱化带来的拨备计提规模有限，导致拨备覆盖率水平相对较低，风险抵补能力较弱。数据显示，截至 2022 年 9 月末，农村金融机构拨备覆盖率为 139.60%，明显低于城市商业银行以及全行业平均水平。

截至 2022 年末，第二和第三组别农信机构拨备覆盖率均值分别为 316.27%、321.29%（图 3.17），明显高于商业银行拨备覆盖率均值 205.85% 和同组别城市商业银行水平，展示出较强的风险抵补能力。第四组别机构数据不全，但结合农村商业银行和农信机构二三组别拨备覆盖率推断，该组别机构拨备覆盖率普遍较低，风险抵补能力弱。

通过上述两个资产质量指标综合来看，第二和第三组别农信机构资产质量相对较好，且具有较强的风险抵补能力，整体风险可控。第四组别不良率高、拨备覆盖率低，高风险机构集中，是金融风险的重灾区。

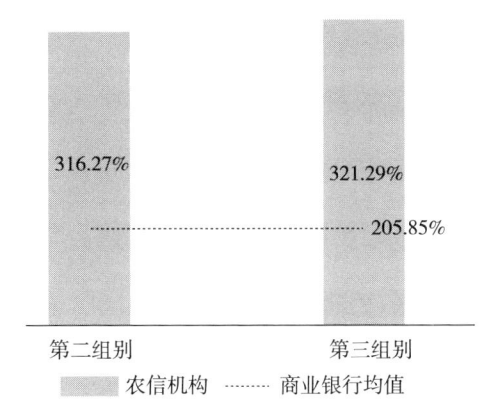

图 3.17　农信机构拨备覆盖率与商业银行对比（2022 年）

数据来源：Wind。

（4）机构布局

与城市商业银行相比，农信机构规模情结较弱，且长期扎根本土，更加专注于对本地市场的深耕，因此网点布局也基本以本区域为主，较少设立异地分支机构（表3.5）。

第二组别农信机构总行多位于城镇化率较高的经济发达地区，展业区域上与本地城市商业银行无过大差异，且近年双方持续双向渗透，在经营模式、业务范围和目标客群等方面的相似度会不断提升，与区域内城市商业银行的竞争趋于激烈。组内多数银行仅在本地区域设立分支机构，仅重庆农村商业银行、上海农村商业银行和深圳农村商业银行三家在省外拥有少量网点或分理处。

表3.5 各组别农信机构分支机构情况

省(市)	排名	区域GDP 规模/亿元	区域GDP 平均增速/%	第一组别 银行数量/家	第一组别 平均资产规模/亿元	第一组别 平均增速/%	第二组别 银行数量/家	第二组别 平均资产规模/亿元	第二组别 平均增速/%	第三组别 银行数量/家	第三组别 平均资产规模/亿元	第三组别 平均增速/%	第四组别 银行数量/家	第四组别 平均资产规模/亿元	第四组别 平均增速/%
广东	1	129 119	8.50	1	12 335	14.00	2	6 645	14.30	5	3 187	14.20	71	422	15.00
江苏	2	122 876	8.50	—	—	—	1	5 110	13.40	7	—	15.70	52	516	10.90
山东	3	87 435	5.40	—	—	—	—	—	—	1	2 094	16.10	109	328	11.20
浙江	4	77 715	8.40	—	—	—	—	—	—	7	2 436	15.80	74	431	14.50
河南	5	61 345	7.40	—	—	—	—	—	—	—	—	—	105	424	13.00
四川	6	56 750	8.90	—	—	—	1	7 213	5.90	1	1 838	15.80	73	483	未披露
湖北	7	53 735	9.00	—	—	—	—	—	—	1	4 036	16.30	76	256	13.00
福建	8	53 110	10.40	—	—	—	—	—	—	1	2 496	13.80	29	390	12.40
湖南	9	48 670	7.90	—	—	—	—	—	—	1	4 487	13.10	102	185	14.80
安徽	10	45 045	10.00	—	—	—	—	—	—	—	—	—	82	310	14.70
上海	11	44 653	8.40	1	12 814	13.20	—	—	—	1	2 388	18.30	—	—	—
河北	12	42 370	4.60	—	—	—	—	—	—	—	—	—	66	219	未披露
北京	13	41 611	8.80	1	11 195	10.20	—	—	—	1	4 215	15.10	53	262	未披露
陕西	14	32 773	8.30	—	—	—	—	—	—	—	3 207	18.00	86	375	9.10
江西	15	32 074	9.40	—	—	—	—	—	—	—	2 629	14.70	—	—	—
重庆	16	29 129	9.70	1	13 519	11.60	—	—	—	—	—	—	—	—	—
辽宁	17	28 975	0.80	—	—	—	—	—	—	1	1 302	未披露	29	250	未披露

续表

省(市)	排名	区域GDP 规模/亿元	区域GDP 平均增速/%	第一组别 银行数量/家	第一组别 平均资产规模/亿元	第一组别 平均增速/%	第二组别 银行数量/家	第二组别 平均资产规模/亿元	第二组别 平均增速/%	第三组别 银行数量/家	第三组别 平均资产规模/亿元	第三组别 平均增速/%	第四组别 银行数量/家	第四组别 平均资产规模/亿元	第四组别 平均增速/%
云南	18	28 954	10.60	—	—	—	—	—	—	—	—	—	71	未披露	未披露
广西	19	26 301	6.90	—	—	—	—	—	—	—	—	—	55	157	未披露
山西	20	2 564 259	8.20	—	—	—	—	—	—	—	—	—	100	215	未披露
内蒙古	21	—	0.00	—	—	—	—	—	—	1	1 587	12.10	35	512	11.50
贵州	22	20 165	10.80	—	—	—	—	—	—	—	未披露	未披露	60	222	未披露
新疆	23	17 741	8.70	—	—	—	—	—	—	2	2 274	8.30	33	267	未披露
天津	24	16 311	1.40	—	—	—	—	—	—	—	未披露	未披露	—	—	—
黑龙江	25	15 901	1.10	—	—	—	—	—	—	1	2 989	6.30	61	371	11.70
吉林	26	13 070	0.10	—	—	—	—	—	—	—	未披露	未披露	38	434	11.00
甘肃	27	11 202	6.70	—	—	—	—	—	—	1	4 066	16.80	37	未披露	未披露
海南	28	6 818	9.00	—	—	—	—	—	—	—	1 040	未披露	8	422	8.20
宁夏	29	5 070	7.90	—	—	—	—	—	—	—	1 847	9.80	20	914	8.20
青海	30	3 610	6.20	—	—	—	—	—	—	—	1 105	9.40	29	114	未披露
西藏	31	2 133	11.40	—	—	—	—	—	—	—	—	—	—	—	—
数量/资产规模合计				4	49 862		4	25 613		34	75 167		1 554	75 646	
平均增速						13.70			11.80			13.40			11.10

数据来源：Wind。

注：数据截至 2022 年末。

105

第三组别农信机构区域分布较为分散，但多数仍位于经济较发达区域。网点布局方面，第三组农村商业银行网点主要集中在所属省域内的新城区和县域，近年来逐步向城区渗透，参与市区市场份额的抢夺。除杭州联合银行和天津滨海农村商业银行在新疆设有分行外，其余银行仅在所属省域设置分支机构。

第四组别机构数量众多，包括农村商业银行、农村信用社和农村合作银行，在区域分布上十分广泛，且区域间经济水平分化明显。

（5）资质牌照

受自身规模、人员素质等方面限制和监管政策的要求，多数农信机构银行业务资质不全、非银金融牌照缺失，在综合金融服务布局方面明显落后于城市商业银行。

中收占比方面，第二、第三组别农信机构受自身规模、人员素质等方面限制和监管政策的要求，业务结构较为传统，中间业务收入规模小、占比低，与同组别城市商业银行相比差距较大。第四组别农信机构数据缺失，但从调研信息来看，该组别机构中收规模和占比均处于低位（图3.18）。

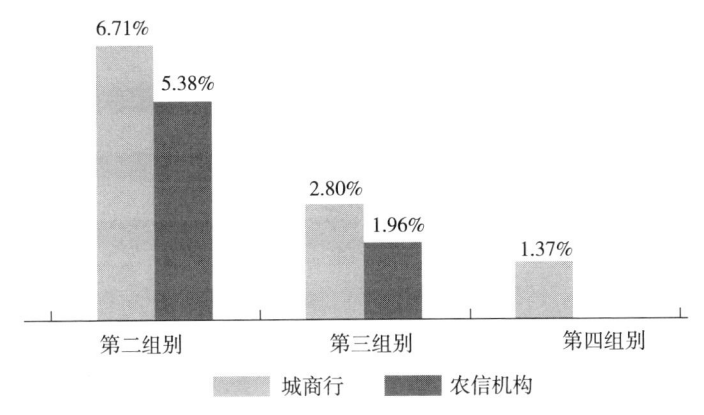

图 3.18　农信机构中收占比与同组别城商行对比（2022 年）

数据来源：Wind。

注：数据截至 2022 年末，其中第四组别农信机构数据披露不全，未予展示。

非银牌照方面，第二组别农信机构中，重庆农村商业银行同时拥有金融租赁、消费金融和理财子三张牌照，其余 10 家银行仅拥有金融租赁牌照（表 3.6）。近年来，沪农村商业银行等领先机构也明确提出要积极争取理财子公司、消费金融公司等各类金融业务资格，建立跨市场、跨牌照的综合金融服务体系成为领先农信机构未来发展趋势。第三组别农信机构仅 6 家机构拥有金融租赁牌照，占比低且牌照单一。第四组别农信机构规模小、能力弱，且所在区域金融需求相对简单，经营范围以基础的存贷业务为主，基本不具备非银金融机构牌照。

表3.6 各组别非银牌照情况

银行	金融租赁	消费金融	理财子	汽车金融	信托	保险	基金	平均牌照数据	备注
第二组别	75%	13%	13%	—	—	—	—	—	渝农商牌照最全，其余5家仅拥有金租牌照
第三组别	18%	—	—	—	—	—	—	—	34家机构中，仅6家机构拥有金租牌照
第四组别	—	—	—	—	—	—	—	0.0	从可查数据来看，基本无非银牌照

数据来源：Wind。

注：数据截至2022年末，其中第四组别农信机构数据披露不全，未予展示。

（三）发展建议

与城市商业银行相比，农信机构规模情结较弱，因此在业务结构、客户基础等方面优于城市商业银行，但是在规模、异地经营、资质牌照方面则较弱。与此同时，农信机构规模小、种类多、分布广，且风险问题较为突出，未来也需要从"风险适配"的角度推动转型发展。

1. 打开天花板，向上突破

第二组别中领先农信机构所处区域经济发达、城镇化程度高，自身基础较好，拥有向上突破的潜力。随着多年的发展，它们在展业区域上和经营模式上与本地城市商业银行无过大差异，且与区域内同等级城市商业银行相比，业务结构更加合理，客群基础更加扎实，综合实力较强，但在资质牌照和异地机构经营等方面存在不足。

针对其中拥有"向上突破"意愿的机构，未来可在完善公司治理、风险管理等体系的基础上，重点围绕资质牌照完善和异地经营进行探索；对标领先城市商业银行，积极申请各类资质牌照，提升产品服务的丰富度和专业度，构建综合金融服务方案；适时以兼并异地银行等方式，逐步探索异地机构经营。

2. 深耕本地，服务区域

第三组别农信机构均位于经济发达区域，城镇化率较高。在经营区域上，网点主要集中在新城区和县域，近年来逐步向城区渗透，参与市区市场份额的抢夺，在经营模式、业务范围和目标客群等方面的相似度会不断提升，未来将与城市商业银行展开激烈竞争。

第三组别农信机构未来需从充分满足区域内各类主体金融需求出发，完善产品种类，提升服务专业性，更好地融入区域经济发展、服务地方。同时推动公司治理、内控及风险管理体系的完善，严防各类风险，筑牢可持续发展之基，长期稳定服务区域经济转型发展。

3. 兼并转型，化解风险

农信机构中风险类机构数量多、类型杂、分布广。资产规模小，经营管理不规范，抗风险能力差，存量风险较多。

未来可从风险化解、区域金融可获得性和激发经营活力出发，推动机构改革发展。对于经营状况良好但在区域竞争中面临困境的机构，可参考美国社区银行模式，向合作社转型。对于高风险机构和在区域金融服务供给上存在性不高的机构，未来或将被整合兼并，以实现风险的化解和竞争力的提升。

三、村镇银行

（一）定位、发展沿革及价值贡献

1. 村镇银行产生的历史背景与承担的职责

村镇银行在我国各类银行当中，是一个年轻的分类。原银监会于2006年发布了《关于调整放宽农村地区银行业金融机构准入政策，更好支持社会主义新农村建设的若干意见》（以下简称"《意见》"），提出在六个省（区）农村地区设立村镇银行试点。2007年3月，经原银监会批准的我国第一家村镇银行——四川仪陇惠民村镇银行开业。若以此作为村镇银行的开端，发展至今也仅有十多个年头。

2006年末，我国每个乡镇仅有2.13个金融网点，平均每50余个行政村仅有1个金融网点，农村地区每万人拥有金融网点仅为1.26个，且全国近11%的乡镇没有金融网点分布。同期，城市地区每万人金融网点数量已达到2个[1]。原有金融机构的服务难以满足县域及农村地区的小微、"三农"客户日渐增长的金融需求，党中央自2004年起，连续数年在中央一号文件中对农村地区金融改革与"三农"经济发展进行了相关部署，为村镇银行的设立与发展奠定了政策基础。

按照《意见》的要求，设立村镇银行的目的是解决农村地区银行业金融机构网点覆盖率低、金融供给不足、竞争不充分等问题，中国银行业监督管理委员会按照商业可持续原则，适度调整和放宽农村地区银行业金融机构准入政策，降低准入门

---

[1] 据2007年原银监会发布的《中国银行业农村金融服务分布图集》。

槛，强化监管约束，加大政策支持，促进农村地区形成投资多元、种类多样、覆盖全面、治理灵活、服务高效的银行业金融服务体系，以更好地改进和加强农村金融服务，支持社会主义新农村建设。

2. 十几年发展与探索

从第一家村镇银行开业至今的十几年里，在不同经济环境及政策导向下，村镇银行的数量发展大体经历了三个阶段。

2007—2009年的探索期，每年新增数量100家以内。村镇银行的设立从六省（区）试点推广至全国，原银监会先后颁布了《村镇银行管理暂行规定》和《村镇银行组建审批工作指引》等文件指导、探索村镇银行设立工作。

2010—2017年的高速增长期，每年新增数量超过100家。2009年7月，原银监会颁布了《新型农村金融机构2009—2011工作安排》，根据附件《新型农村金融机构发展计划表》的要求，全国2009年计划新增村镇银行312家，2010年344家，2011年371家。2010年5月，国务院发布《关于鼓励和引导民间投资健康发展的若干意见》，鼓励民间资本参与设立村镇银行，由此村镇银行也成为民间资本参与金融业务的重要途径之一。在一系列组合拳下，2010年开始，村镇银行如雨后春笋般出现在我国县域地区。

2018年至今的重新探索期，每年新增数量少于100家且逐年递减。经过了近十年的发展，村镇银行在支持小微、支持"三农"的同时，随着县域经济、农村经济的快速发展，数字技术的持续演变，银行业经营的不断提升，村镇银行作为金融毛细血管支持小微、支持"三农"的金融价值如何能够更好地实现，开始引发思考。2018年1月，原银监会发布《关于开展投资管理型村镇银行和"多县一行"制村镇银行试点工作的通知》，在尝试村镇银行发展新模式的同时，放缓了村镇银行的设立速度（图3.19）。

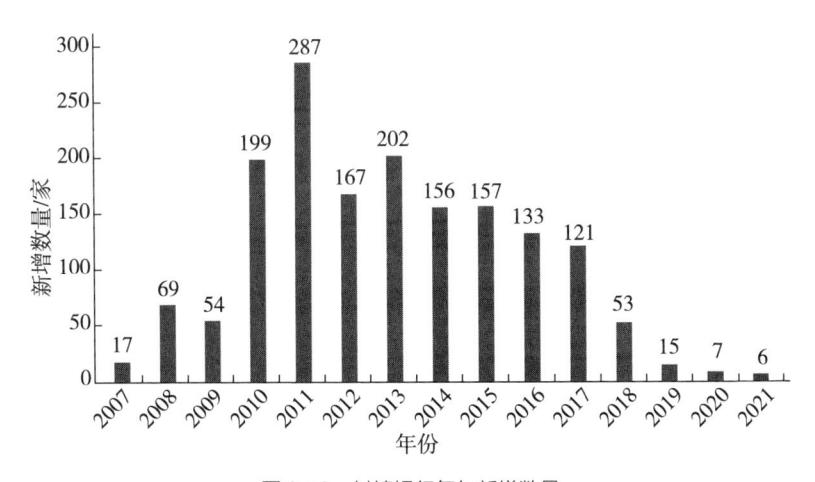

图3.19 村镇银行每年新增数量

数据来源：公开信息渠道。

3. 村镇银行为我国农村经济发展贡献的力量

截至2022年，原银保监会共核准成立村镇银行1645家，占总涉农金融机构的比例超过40%；覆盖全国31个省份1306个县（市、旗），中西部占比65.8%，县域覆盖率为71.2%。

经过多年的发展，村镇银行已经成为金融机构服务"三农"的生力军之一。肩负着为农村经济发展提供金融服务的使命，村镇银行近年来的农村贷款和农户贷款均保持了持续增长。截至2020年末，村镇银行农村（县及县以下）贷款余额达8008亿元，较2019年增加1026亿元，同比增长达14.7%，与其他类型的银行相比增速最快，且近5年村镇银行均保持着高于10%的增速（图3.20）。

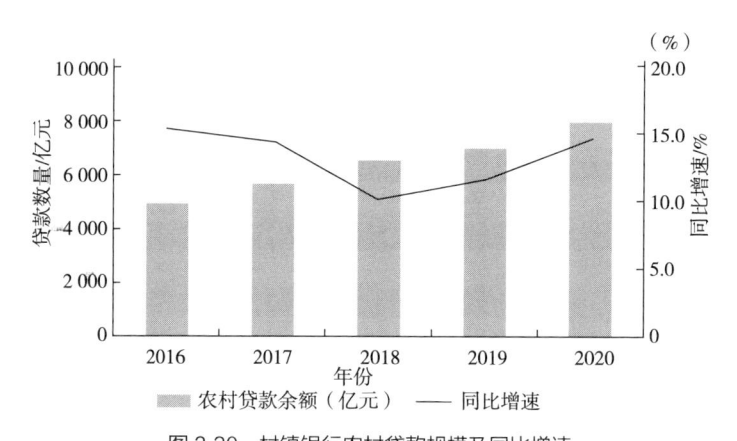

图3.20 村镇银行农村贷款规模及同比增速

数据来源：新华财经、面包财经、中国人民银行。

截至 2020 年末，村镇银行的农户贷款规模达 6202 亿元，较 2019 年增加 933 亿元，增幅达 17.7%。近五年，村镇银行的农户贷款保持着高于 14% 的增速。

（二）现状及存在的问题

本部分主要采用宏观与微观相结合、短期与长期相结合的分析方法，借助波特五力模型等企业战略分析方法，围绕赢利能力、风险管理等关键指标，对我国村镇银行经营发展现状和存在的问题进行剖析。

1. 宏观：农村金融可达性的变化

目前，村镇银行在实体网点与金融服务上有较高的覆盖率，使得县域地区的金融服务消费者也逐渐提高了对金融服务的要求，从最初的要求服务有没有，过渡到要求服务好不好。这对本身就定位于为县域地区提供基础金融服务的村镇银行而言形成了挑战。

实体网点覆盖方面，其覆盖率已经可以满足村镇地区的金融可得性需求。在 2020 年 11 月 12 日举办的第三届中国普惠金融创新发展峰会上，国家金融与发展实验室理事长、学部委员李扬表示，我国乡镇银行业金融机构覆盖率为95.65%，行政村基础金融服务覆盖率达到99.2%。

手机银行覆盖方面，逐渐提高的普及率对村镇银行主要依赖的传统线下网点的金融服务模式产生了冲击。截至2022年，我国手机银行普及率已经从2012年的9%增长到86%，越来越多的金融消费者通过手机银行的形式使用金融服务。手机银行成为提高金融服务可得性和易得性的全新的、更高效的实现途径，传统的线下网点模式受到冲击。

2. 中观：村镇银行所处竞争环境

村镇银行所处的竞争环境，可以尝试从同业竞争、银行的资金供应方储户、银行的资金使用方借款人、替代品和进入壁垒五个角度来观察。

（1）同业竞争

近年来，除了原本的农村商业银行以外，大型银行特别是邮政储蓄银行，凭借其与邮政深度合作的代理网点模式，也下沉至县域地区。大型银行及先进的农村商业银行在经营、管理方面对村镇银行实现了降维竞争。以下分别从人、财、务三个角度来分析。

人：村镇银行的经营集中于所处的县域地区，其主要的管理团队和员工也来源于所在的县域地区。而下沉的大型商业银行及优秀的农村商业银行则可以在全国范围内或所在城市内招聘具备商业银行领域相关专业知识的人才，同时可以基于丰富的银行经营经验向从业人员提供有效的专业培训。人才队伍的显著差距使得村镇银行与其他同业竞争者在运营展业、风险管理、科技创新等重要领域的差距逐渐拉开。人员来源的高度集中叠加治理架构不完善也使得村镇银行内部与舞弊相关的恶性案件的隐患更高。

财：村镇银行由于自身规模有限，难以投入大量资金，提升信息技术，由此导致数字化技术等难以应用到其日常经营中，包括手机银行、网上银行等，也无法实现自主开发。"财力"还体现在抗风险能力方面，更雄厚的资本、更稳健的拨备覆盖率，使得下沉的大型银行、农村商业银行在面临信用风险波动时，能够具备更充分的抗风险能力。而村镇银行由于家底薄，在风险来临时往往难以有效应对。

务：在业务能力方面，下沉的大型银行、农村商业银行凭借过往多年的实践经验积累，在前台的展业能力与产品种类、中台的风险合规管理技术、后台监察审计等维度的业务能力均优于村镇银行。在信息技术方面，村镇银行也远远落后于其他银行。由于自身规模有限，村镇银行几乎不可能建立属于自身的一套完备系统。在数字化技术得到广泛应用的今天，村镇银行仅靠传统人工来经营的模式短期内难以得到改善，难以满足日益精细化、客制化的金融服务需求。

（2）负债－存款

村镇银行的存款主要来源于个人储蓄存款，以及属性上与储蓄存款相似的个人经营背景的小企业存款。

存款来源方面，经济的发展带动收入的增长，成为村镇银行存款的重要来源。在党的"乡村振兴战略"指引下，我国农村居民的人均可支配收入持续增长，且增速超过城镇居民。农村居民的人均可支配收入持续增长为县域地区的金融服务发展，特别是存款发展提供了来源。

存款竞争方面，村镇银行在吸收存款的过程中仍然面临诸多挑战，主要体现在品牌和需求两方面。

品牌的影响：村镇银行深耕所在县域，有着相对稳定的客户基础。但随着大行下沉、农村商业银行扩张、信息技术的快速发展，县域地区的储户接触到了越来越多不同的银行，在办理存款业务时，也有了更多的选择。随着信息的不断积累，储户们的金融知识也进一步丰富，潜意识里开始形成对不同类型银行信用等级差异的理解。大型银行与先进的农村商业银行对储户的吸引力越来越大，村镇银行通常通过支付更高的利息进行竞争，但空间有限。信用度更高的品牌吸引与更先进的银行服务体验，对村镇银行的传统存款业务产生了冲击，村镇银行原有的属地优势越来越不显著。

需求的变化：传统存款作为县域地区居民财产保值增值的主要方式，可以为银行提供稳定的资金来源，且储户对以存款为核心而衍生出的其他金融服务需求较少。经过十多年的发展，我国城镇化率从2007年的45%增长到2022年的65%，越来越多的县域居民融入城市，或者往来于城市与县域之间。在传统存款的基础上，理财的需求、生活缴费与支付的需求、手机银行便捷操作的需求、代发工资的需求等逐渐成为"金融必需品"，而传统银行模式下的村镇银行由于其经营地的限制、服务能力的限制等，越来越难以满足储户的这些日常"标配"的金融需求。

我们可以看到，尽管农村地区的存款需求在持续增长，有比较充足的市场需求，但是由于村镇银行自身经营能力所限，在继续提供能够有效满足消费者要求的金融服务、争取存款方面面临着挑战。

（3）资产－贷款

从价格和产品的角度来观察村镇银行面临的竞争环境。

价格方面，村镇银行的资金成本较高，差异化定价策略的实施存在现实的困难。由于品牌优势等不及大型商业银行与同地区农村商业银行，吸收存款成本较高，叠加负债来源单一，导致资金成本处于劣势。较高的资金成本推高贷款成本，使得村镇银行在发放贷款时，难以取得价格优势。同时，由于主要依靠信贷员的人工走访，信用风险的评估与定价缺乏先进、统一的方法论；以传统人工的方式服务数量众多的农户与小微企业，难以实现有效的差异化定价。相反，大行和一些技术相对成熟的农村商业银行，其风险定价更为准确，由此挤出的客户转而寻求村镇银行的贷款。定价不准确使得村镇银行可能会因为价格高而流失现有的客户，也可能出现因为定价低而没能准确反映信用风险，进而承担了更大的损失。

产品方面，村镇银行受限于技术水平和资质牌照，越来越难以满足客户逐渐增加的服务需求。举例来看，村镇银行由于仅使用传统的线下银行经营模式，贷款的灵活性相对较弱，难以通过手机银行等方式实现贷款的随借随还。此外，随着我国农业的快速发展，部分县域地区的农产品还有出口需求，跨境结算甚至贸易融资等需求也会由此产生。村镇银行的现代信息技术水平相对不足，经营范围较窄，无法适应居民不断增长的新兴需求，在市场竞争中处于劣势。

（4）替代品

除受到来自其他商业银行的竞争外，村镇银行也同样面临着互联网金融公司、小贷公司等非银行机构的竞争。相比较而言，虽然这类机构市场认可度不及银行、利率也通常要高于银行，但凭借互联网等技术展现了更有力的渗透能力，成为村镇银行经营环境中不容忽视的一股力量。

（5）进入与退出壁垒

村镇银行的牌照由金融监管局负责管理，新设和退出均需要监管机构批准。在应对村镇银行面临的挑战时，在考虑现有市场主体情况的同时，还需要监管机构的介入与指导。

综合上述情况，村镇银行所处的竞争环境面临挑战，横向和纵向的压力使得村镇银行不得不重新思考未来的发展方式。

3. 微观：村镇银行经营管理困境

虽然银行的经营不仅仅关注其赢利能力，但在长期视角下，能够给客户提供好服务的金融机构，在更有效支持实体经济发展的同时，通常也能够在有效管控风险的基础上，获取一定的收益。银行服务好实体经济的前提之一是自身能够持续、稳健地经营，而银行经营过程中的风险和报酬的相关指标可以在一定程度上反映银行的经营能否持续，风险管理是否稳健。

（1）赢利能力逐年下滑

纵向看，在2013年达到高点后，村镇银行的净资产收益率（ROE）逐年下降，同时又伴随着权益乘数的逐年上升。基于等式ROE=ROA（资产收益率）×A/E（权益乘数），可以推导出村镇银行的ROE下降主要是由于ROA持续下降所致，且ROA的下降速度覆盖了权益乘数上升对ROE的影响。

横向看，村镇银行的ROE与银行业平均ROE下降趋势相似，但持续低于银行业平均水平。村镇银行近4%的ROE亦不足以支撑近10%的平均资产增速。与其他各类银行相比，村镇银行的ROA最低。

村镇银行规模小、品牌影响力不大，面临资金成本高、揽储压力大的问题，加上村镇银行主要业务是涉农贷款，金额小、风险大，运营模式主要采用线下网点与人工服务的传统经营模式，成本较高，导致村镇银行整体赢利能力不强。

虽然目前村镇银行的 ROA 与 ROE 已经低于其他类型银行，但是村镇银行的拨备覆盖率仍显著低于其他类型银行，在信用风险应对方面，仍然有较大提升空间。如果村镇银行的拨备覆盖率提高到与其他类型银行相若的水平，村镇银行的 ROE 和 ROA 还将进一步受到冲击。

（2）风险管理承压

从央行金融机构评级结果来看，2022 年第四季度，全国 4368 家参评银行业金融机构中村镇银行 1645 家，其中有 112 家高风险机构，占全部村镇银行的比例为 6.81%。我们从信用风险与合规风险两方面加以分析。

①信用风险

村镇银行抗风险能力较其他银行类金融机构更为薄弱，主要表现为：集中度风险较高，包括地域集中度、行业集中度、借款人类型集中度。

地域集中度：村镇银行通常集中在所处的县域地区经营，受到所在地经济环境波动影响，且由于经营范围较小，银行不同客户间的关联度也更高，风险波动的同质性也更高。

行业集中度：村镇银行的贷款主要为农林牧渔业或相关行业，容易受到包括天气、动物疾病、市场供需变化等的影响，单一行业的波动对银行信用风险影响更显著。

借款人类型集中度：截至2020年末，村镇银行农户与小微企业贷款占比90.40%。农户与小微企业对市场波动反应更为敏感，自身抗风险能力较弱，其经营容易受到个别事项的影响。与此同时，农户和小微企业借款人的第二还款来源相对薄弱，往往缺少有效的抵押资产，这也导致当信用风险暴露时，难以通过第二还款来源来弥补损失。

定价能力不充分、资产规模普遍较小的村镇银行无法利用规模效应带来的积极影响。

村镇银行资产规模远低于其他银行类金融机构，截至2022年6月末，注册资本超过1亿元（含）的村镇银行占全部村镇银行数量的比重为37%，注册资本在5亿元（含）以上的村镇银行只有14家。作为资金和技术密集型行业，较小的资产规模难以保证充分的技术投入和人才投入。面对数量大、金额小的农户和小微贷款，仅依靠传统的人工管理，难以有效地识别和度量借款人的信用风险，实现准确定价，难以提供高质量可持续的农村金融服务。

此外，规模较大、发展相对成熟的银行，其客户构成中会包含"众所周知"的低风险客户，这类客户相比较而言风险识别难度较低，单位贷款的定价成本也较低。而村镇银行服务的客户中，信用风险差异较大，需要银行投入必要的技术与成本进行识别定价，但村镇银行目前的经营能力在实现上面临着较大难度。

受到集中度和定价能力不充分的影响，村镇银行的信贷风险不断上升。纵向来看，近年来村镇银行不良贷款率呈上升趋势，2018年、2019年、2020年末，村镇银行不良贷款率分别为3.66%、3.7%、4%，信用风险不断攀升；横向来看，村镇银行投放的小微企业贷款与"三农"贷款占其全部贷款投放量的90%以上（据《中国村镇银行行业发展报告2019—2020》），而截至2020年末，我国普惠型小微贷款不良率为2.55%，村镇银行的不良率高于行业平均水平。

在不良贷款发生后，大型银行的财务资源相对充足，针对已经产生的不良资产有能力计提充足的拨备或及时进行核销，而规模较小的村镇银行则很难实现。2020年村镇银行的拨备覆盖率仅为116%，同期的大型商业银行拨备覆盖率为215%，股份制商业银行187%，城市商业银行190%。考虑到村镇的财务核算能力等因素的综合影响，实际数据有可能进一步下探。

②合规风险

第一，股东水平有待提高。2022年河南多家村镇银行被爆无法提供取款业务，村镇银行的股东及股权管理"乱象"引起外界重视。由于入股村镇银行门槛较低，部分村镇银行民营股东资质较差，且在当前经济下行的背景下，部分地方民营股东经营压力加大，而压力加大容易导致动作变形，为村镇银行的合规经营埋下了隐患。

第二，单位资产处罚比例高。2022年度，原银保监会及其派出机构共公布4156张监管处罚的罚单，涉及855家银行业机构，罚单总金额为137 921万元。按照单位资产处罚金额与单位资产罚单张数计算，村镇银行的两项数据显著高于其他类型的银行（表3.7）。这反映了在合规经营方面，由于治理结构问题及缺少先进的管理工具等，村镇银行如仅依靠自身力量，恐怕任重而道远。

表3.7 单位资产处罚情况

项目	大型银行	股份制	城商行	农商行	村镇银行
单位资产处罚金额（元/亿元）	202	420	457	946	5 186
单位资产罚单张数（张/亿元）	6	8	11	29	194

数据来源：Wind。

综上，村镇银行在经营成果不及其他同业的情况下，面临的风险水平却较高，仅依靠自身的经营努力弥补差距的困难较大。风险和报酬的不匹配进一步引发人们对村镇银行未来发展方式的思考。村镇银行需要在持续发挥其金融服务毛细血管功能的同时，防范化解风险，做到可持续经营且风险可控。

4. 小结

过去的十几年，村镇银行的探索和发展为我国农村地区的金融服务贡献了力量。但也要看到村镇银行目前的发展存在优势与不足。

一方面，村镇银行在客户服务与网点覆盖上具备一定的优势。村镇银行在广大县域地区深耕细作，发挥着金融毛细血管的作用。多年的深入经营，使得其拥有了一定的县域地区客户基础，并持续为这些客户提供稳定连续的金融服务。此外，在互联网技术飞速发展的今天，仍然有部分金融客户倾向于使用线下网点获取金融服务，因此村镇银行的实体网点在短时间内仍需要保留并继续发挥金融服务的作用。

另一方面，村镇银行在供给与需求、风险和收益的匹配上存在不足。市场需求在发生变化，传统、单一的金融服务难以满足农村地区金融服务需求，但是村镇银行自身经营能力有限，"人、财、务"等各方面均与现阶段其他银行经营方式存在差距，无法实现有效供给，并产生了村镇银行高风险、低收益的后果。

（三）发展建议

随着农村经济的不断发展，金融服务的需求也在不断发生变化，需要再次思考村镇银行如何调整经营模式才能够更好地支持农村地区的经济发展。

为了进一步指导村镇银行的发展，2021年1月，原银保监会发布的《关于进一步推动村镇银行化解风险改革重组有关事项的通知》（下称《通知》）明确指出，推动村镇银行改革重组，加快村镇银行补充资本，强化风险处置，实现持续健康发展。在2022年5月召开的通气会上，原银保监会表示会继续深入推进农村中小银行改革化险，再次提及"鼓励优质银行、保险、金融资产管理公司和其他机构参与并购重组农村中小银行"，并会落实鼓励中小银行兼并重组支持政策。

基于上述观察，村镇银行在未来发展时可以考虑：

第一，加强党的领导，完善治理结构，使金融机构切实发挥支持实体经济发展的经济作用，避免个别股东或管理层等通过不当方式影响银行的持续、健康经营。

第二，摸清家底，掌握准确的风险情况，明确主体责任。避免带病上场或久病不医，甚至讳疾忌医。

第三，在风险化解方面，实施差异化管理方式。对于经营结果不佳，风险等级较高的村镇银行，建立退出机制，制定量化的退出指标和标准。通过合并、重组等方式将其转化为优秀银行的分支机构或统一化管理，双方共享信息技术，内控管理，进而共享政策。对于少数具备一定规模、发展良好、风险可控、所处地区经济发展状况良好的村镇银行，支持其深耕本地，进一步发展。需要注意的是，在风险化解过程中做好舆情管理，做好对储户等的解释工作，正确引导，避免市场误读，防范挤兑等不必要的次生风险。

四、民营及独立法人直销银行

（一）定位、发展沿革及价值贡献

自2014年原银监会核准民营银行试点以来，民营银行已经逐渐成为中国银行业体系中一支不可忽视的新兴力量。首批 5 家民营银行自批准设立之初便秉承"不是计划模式下的指标分配,也不是行政管理下的区域划分,完全是对试点方案的优中选优"的指导思想,其设立初衷是"民营银行解决民营企业融资难的问题"。

2014 年民生银行推出首个直销银行品牌,随后又有数十家银行创立了直销银行品牌。目前我国直销银行分为部门直销银行和独立法人直销银行两种形态。经过 10 年的发展,民营银行和独立法人直销银行成为对国有银行体系的有机补充。

我国银行业向民间资本开放是一个渐进的过程,与市场化改革的进程以及民营经济的发展壮大具有一定同步性,大致可分为四个阶段。

1. 第一家民营银行诞生(1993—2002 年)

随着经济体制改革和银行体系改革的深入,民营经济实力逐渐壮大起来,民间资本进入银行业的需求也逐渐增强。1996 年,中国第一家由民间资本控股的全国性股份制商业银行民生银行成立。民营股份制商业银行的出现,在中国的银行业发展中具有重大的意义,这使得银行业在向民间资本开放方面取得了更大的进展。

2. 民间资本开放加速推进（2003—2012 年）

民营经济的繁荣发展也使得民间资本进入银行业的需求不断增长。2003 年，完全由民间资本出资新建的渤海银行经国务院批准筹建，标志着民间资本以新设立民营银行的方式进入银行业的可能性出现；2004 年，浙商银行获得重组批准，标志着民间资本以产权结构改革方式进入银行业的大门被打开。

3. 第一阶段试点工作启动（2013—2015 年）

2013 年末，党的十八届三中全会召开，全会决定"在加强监管的前提下，允许具备条件的民间资本依法发起和设立中小型银行等金融机构"。中共十八届三中全会后，中国人民银行、原银监会等相关部门落实中央和国务院政策精神，于 2014 年初启动民营银行试点。2015 年 5 月，深圳前海微众、温州民商、天津金城、浙江网商、上海华瑞等第一批 5 家试点民营银行全部如期开业。

4. 常态化设立阶段来临（2016年至今）

监管部门按照"成熟一家、设立一家"原则，2016年批准筹建重庆富民银行、四川新网银行等第二批12家民营银行。2016年底，原银监会发布《关于民营银行监管的指导意见》，意味着民营银行正式进入依法依规常态化设立的新阶段。2019年，第18、19家民营银行获批设立（即江西裕民银行和无锡锡商银行）。

截至2022年末，19家民营银行的总资产达到了1.78万亿，年内创造营业收入778.6亿，净利润176.29亿。其中，2家独立法人直销银行总资产1039亿元，营业收入40.69亿，净利润4.94亿。

（二）现状及存在的问题

1. 民营银行发展现状

从民营银行整体经营来看，主要依靠大股东的资源进行经营，具有互联网基因的民营银行对客户信息掌握度较高，有丰富的风控数据积累，监管相对认可，地域限制较小，其业务规模和业绩同样排行前列。基于股东背景差异，可将民营银行分为互联网背景的民营银行和传统股东背景的民营银行两大类。

截至2022年，我国共有19家民营银行，其中互联网股东背景的民营银行共7家，包括微众、网商、新网、金城、中关村、苏宁、亿联，传统股东背景的民营银行共12家，包括富民、华瑞、三湘、华通、民商、客商、众邦、新安、振兴、蓝海、裕民、锡商。随着互联网企业在我国民营经济中的地位不断上升，结合互联网股东自身的技术基因对于控股银行的输出，两类民营银行的发展产生了较大的差异。通过对两类银行的差异分析可以更好地展示民营银行整体发展现状。两类民营银行差异具体体现在如下三方面。

首先体现在银行的赢利能力上（表3.8）。

表3.8 两类民营银行的赢利能力情况

指标	互联网股东	传统股东	合计
资产总额/亿元	12 763.81	5 017.69	17 781.50
资产占比/%	71.78	28.22	100.00
收入总额/亿元	643.84	134.76	778.6
收入占比/%	82.69	17.31	100.00
利润总额/亿元	151.37	24.92	176.29
利润占比/%	85.86	14.14	100.00
平均ROE/%	14.60	6.81	9.68
平均ROA/%	0.92	0.54	0.68
平均成本收入比/%	28.58	36.57	33.63

数据来源：Wind。

注：数据截至2022年末。

2022年末，7家互联网股东背景的民营银行资产规模占19家民营银行的71.78%，创造了民营银行领域82.69%的营收和85.86%的利润，且成本收入比、ROE、ROA等主要经营指标大幅优于传统股东民营银行和民营银行行业平均。

其次体现在互联网技术和流量输出的影响上。互联网股东民营银行中的微众银行（腾讯系）、网商银行（阿里系）得益于股东的输入，已经初步形成规模效应，整体规模已经达到中等城市商业银行水准，且主要赢利指标和风险指标优于多数传统银行。传统股东的民营银行缺乏股东输出的互联网基因，但受限于无实体网点，仍需依赖互联网渠道展业，整体管理水平、获客渠道与互联网股东民营银行和互联网程度较高的非民营银行均有差距，整体的经营情况较为一般。特别是成本收入比层面，部分传统股东的民营银行甚至差于实体网点经营的非民营银行。

最后，两类民营银行的发展地域范围也有较大差异。笔者发现传统股东民营银行展现出一定的地域特征，部分银行得益于对特定客群（如民商、锡商、蓝海）精准服务，经营业绩尚可，但该群体内其他银行整体发展受限较严重。

2. 民营银行存在的问题

第一，多数没有实体营业网点，且部分无全国展业资质，导致业务经营受到一定限制。我国民营银行开设较晚，实体营业网点设立得较少，互联网背景的民营银行甚至就没有设立实体营业网点，且部分民营银行没有全国展业资质。基于以上两点，我国民营银行业务发展相较于具有实体网点、具有全国展业资质的非民营银行受限明显。

第二，进一步发展受限于部分监管要求，且相对于大中银行竞争优势较弱。部分监管要求（如普惠金融"两增两控"）制约民营银行落实风险偏好和优化资产负债管理；大中银行"运动式"叙做普惠金融业务，挤压民营银行市场空间，同时导致小微企业客群市场定价扭曲，导致民营银行获客难度提升，获客底线（风险偏好）被动下探。

第三，因品牌、网点劣势，部分民营银行负债成本高，变相推高了民营银行风险偏好。银行业存款的自律要求，导致部分民营银行不得不采取特殊手段支付额外成本进行揽储，进一步推高了民营银行的经营成本。以上均可能导致金融风险的累积。

第四，民营银行资本补充工具和能力不足。一方面，股东增资能力不足,且因准入限制股东更换困难;另一方面,受限于财务情况和规模,民营银行既无法实现良性的内生资本积累,又面临外部资本筹集困难的问题(目前仅有网商银行成功发行了永续债)。

第五,传统股东背景的民营银行互联网渠道建设及金融科技创新不足。相对于互联网股东背景的民营银行,传统股东背景的民营银行因未能形成规模效应导致科技成本较难摊薄,部分民营银行所处地域限制导致难以吸引IT、风控方面的专业人才,综合导致成本收入比和利润表现均未能形成优势。

第六,互联网银行与股东的协同效应仍待观察。例如美团系的亿联银行,相较于美团和美团金融的成功协同融合,美团系对亿联银行的输出效果仍待观察,亿联银行的整体经营情况在互联网股东民营银行中垫底。

3. 法人直销银行的发展现状及问题

我国两家独立法人直销银行作为大型银行的子公司,在经营、内控上均有较为成熟的参考经验。其中百信银行已初具规模,邮惠万家银行成立不久仍处于初期发展阶段。

然而独立法人直销银行的经营模式、展业手段与其母公司及其他银行同业未形成明显差异。从产品、定价等方面来看，也未能建立起优势。如何找到合适的市场定位，构建差异化竞争优势是独立法人直销银行应该进一步思考的问题。

（三）发展建议

民营银行、独立法人直销银行是对我国银行业的有效补充，应该从客群风险偏好层面、客群覆盖层面与其他银行有一定区分。特别是民营银行、独立法人直销银行对长尾客群的服务，可以继续作为对我国银行体系的有机补充。

坚守初心，坚持和非民营银行差异化的市场定位，使用领导的服务手段和股东的渠道、流量优势，深耕小微企业融资服务、零售客户消费信贷服务和资管产品销售服务。民营银行应该尊重商业发展的客观规律，避免过度求快求大，明确自身"使用领先技术、渠道服务差异客群的中小银行"的定位，继续服务小微金融、普惠金融、个人消费金融。

部分具有头部互联网背景的民营银行，可继续为银行业提供"鲶鱼效应"。此类银行可在监管允许的范畴内，通过结合股东优势、创新模式、应用新技术引入新竞争赛道，获得市场收益回报，并通过竞争和技术输出，推动银行业的专业化管理水平、数字化水平进步。

具有大型银行股东背景的独立法人直销银行，应该正确寻找客群、经营模式的定位，确立自身的市场优势并逐步建立护城河，形成非对称竞争优势，避免与母公司客群覆盖、产品完全重叠。

因此，结合民营银行的定位研判，考虑到监管和市场公平性，民营银行经营存在的问题未必都能解决，建议通过精准定位、非对称竞争深耕具有优势的产品领域和客群，具体建议如下。

第一，对于民营银行和独立法人直销银行，建议参考本文对城市商业银行、农村商业银行分层监管的建议。

第二，对于互联网股东背景优势明显的银行，建议坚持服务中小微企业、个人客户等银行业长尾客群，继续突出技术、经营效率优势，深化已取得的经营成果。在快速发展的同时，此类民营银行也应该尊重银行业的商业规则和监管规则，做好各项合规工作。

第三，民营银行牌照可按照"有发有收"动态管理。对于经营一般的且股东实力较弱的民营银行，可通过并购合并，有秩序有规则地退出。

第四，资本具有逐利性，但银行业是一个具有严格资质审查和监管的特殊行业，需要背负一定的社会责任和义务。多数民营银行已设立党委组织，建议肯定民营银行的党委建设成果（如微众银行曾荣获广东省先进基层党组织），并继续推动党委在民营银行公司治理、管理中扮演的重要角色。民营银行的股东、管理者应进一步考虑社会责任，贯彻落实党和国家对金融的统一领导和统筹规划，继续发挥民营银行在普惠金融、绿色金融等领域的独特优势。

第四章

中小银行横向比较

国外及我国台湾地区中小银行由于成立时间较早，在长期发展过程中积累了不少经验教训，这为我国大陆完善中小银行的监管，推动中小银行的健康发展提供了较有价值的参考借鉴。基于此，我们梳理了美国、德国、日本三个国家和中国台湾地区中小银行的经营发展情况，总结了其在经营过程中所存在的相似及差异之处，并结合其在经营过程中的经验教训，借此提出我国大陆中小银行未来发展的几点启示。

一、先进国家及地区中小银行经营的相似之处

通过对美德日三国和中国台湾地区中小银行近几年来的经营情况进行梳理后发现，这些国家和地区的中小银行在经营过程中存在以下几点相似之处。

（一）从资产规模看，中小银行的资产规模总和与大型银行基本不相上下

虽然美国、德国、日本三个国家单个中小银行的资产规模与大型银行相距甚远，但由于中小银行的数量远超大型银行，因此中小银行资产规模的总和与大型银行资产规模总和旗鼓相当。例如，美国和德国中小银行资产规模占该国整个银行体系的比重超过50%；日本中小银行的资产规模占日本银行体系的50%左右。由于国外中小银行也是扎根于当地，超高的资产规模占比意味着这些国家和地区的中小银行为助力当地实体经济发展起着关键性的推动作用。

（二）从业务模式看，中小银行仍然以传统的存贷业务为主，贷款利息收入仍然是其主要的业务收入来源，但存贷比处于相对较低的水平，贷款结构也更多集中在房地产领域

由于自身规模的有限性，中小银行无法同资金实力雄厚的大型银行一样可以开展多样化的金融服务，其基本业务仍然是传统的存贷款业务，净利息收入仍然是其最为主要的收入来源。例

如：美国中小银行的贷款净额占总资产的比例在60%以上，相比之下，美国大型银行的贷款净额占比却不足50%；日本中小银行的存款规模占整个银行体系存款规模的55%左右，贷款规模占整个银行体系贷款规模的60%左右，且净利息收入占应收的60%以上；德国的中小银行的净利息收入分别约占其应收的70%和60%以上；中国台湾地区银行的资产结构中贷款占60%左右，负债结构中存款占70%左右。从净息差看，虽然最近两年净息差有所回升，但随着经济陷入低迷及行业竞争的加剧，整个银行业的净息差将呈现出整体下降的趋势，特别是中国台湾地区本地商业银行的净息差近五年均值仅为1.29%，这也提醒中小银行要积极探索和发展传统存贷款业务之外的新业务。

同时，中小银行的存贷比虽然略高于大型银行[1]，但仍处于相对较低的水平。一方面，存贷比较大型银行高体现出中小银行的业务收入来源更多依赖于存贷款利息收入；另一方面，存贷比处于相对较低的水平体现出中小银行注重稳健经营的发展理念。例如，日本地方银行和日本信用金库的存贷比最近几年

---

[1] 例如，美国大型商业银行的存贷比在60%左右，而中小型银行在70%以上；同样，日本都市银行的存贷比也要小于地方银行，以三井住友银行为例，据2022年披露的年报显示，三井住友银行2021年的存贷比约为61.13%。

分别在73%和50%左右，中国台湾地区的本地商业银行、信用合作社和农渔会信用部的存贷比分别在75%、67%和55%左右。相比之下，我国大陆地区中小银行的存贷比则处于相对较高的水平，多数中小银行机构在90%以上。

此外，中小银行的贷款结构也有所差异，与大型银行相比，中小银行更侧重于住宅等房地产类贷款，大型银行则侧重于零售业务的贷款。例如美国中小银行的商业地产类贷款约占贷款总额的28%，大型银行商业地产贷款仅占5%左右；零售类贷款，美国大型银行约占其贷款总额的40%以上，中小银行则低于这一比例。

（三）从经营区域和客户服务看，中小银行主要是深耕当地，树立当地经营品牌，服务对象也主要以当地的中小企业和个人客户为主

绝大多数中小银行经营范围具有一定的地域性，因此其主要经营战略在于深耕当地，服务对象基本以当地的中小企业和个人客户为主，存款主要来源于当地的个人储蓄存款，贷款对象则主要为当地的中小企业，为支持地方经济发展保驾护航。

例如，日本地方银行的战略定位仍旧在"地方"，如何出色地服务地方经济、服务地方客户是众多日本地方银行的战略原则，由此与当地的政府机构和中小企业形成了良好的共存共荣的共生关系，而且其存款来源中近70%来源于个人，贷款流向中近40%流向中小企业。

然而，需要注意的是，由于这些中小银行的贷款对象多为中小企业，而这些中小企业本身的抗风险能力相对较差，因此导致银行风险相对较为集中。当经济不振或市场不景气时，这些中小企业的经营业绩容易受到冲击，进而引发破产倒闭，这样会使得银行对这些中小企业的贷款变成不良贷款，导致银行利润受到很大影响。例如，日本和中国台湾地区在20世纪90年代出现的贷款逾期率上升、赢利能力下降等危机，均是由于经济不景气造成中小企业大批倒闭所致。

（四）从经营策略看，中小银行采取相对较为稳健的经营策略，资本充足率较高，不良资产率逐年走低，赢利水平较为稳定

由于中小银行基本上不受"大而不倒"的隐形保护，因此

其在经营过程中较为重视稳健性经营。除了保持较低的存贷比外，各国中小银行和中国台湾地区银行业的资本充足率和拨备覆盖率也均保持在较高的水平。例如：美国中小银行的核心资本充足率在10%左右，大型银行仅8%左右，拨备覆盖率在200%左右；德国核心一级资本充足率达15%以上，日本中小银行的资本充足率高达12%以上[1]，且呈不断上升的趋势；中国台湾地区本地商业银行资本充足率在14%以上，2022年的拨备覆盖率更是在850%以上。

同时，由于美德日三国均加大了对不良资产的处置力度，不良贷款率虽然仍略高于大型银行，但逐年走低。例如：近十几年来，美国和日本中小银行的不良率由3%多降到不足2%[2]；中国台湾地区银行业的不良贷款水平近十几年来一直处于较低的水平且呈下降态势，自2021年中国台湾地区商业银行的不良贷款率已降至0.2%以下，信用合作社的不良贷款率则不到0.1%，农渔会信用部的不良贷款率虽然略高，在2022年也降至0.55%。

---

[1] 日本都市银行的资本充足率在15%左右，这充分体现了日本银行业较为重视稳健经营。

[2] 美国大型银行的不良贷款率在1%左右，而日本都市银行的不良贷款率则在1%以下。

此外，在赢利水平方面，美德日三国的中小银行依靠其稳健的经营策略，赢利水平波动不大。例如：德国中小银行的ROE自2008年金融危机以来长期稳定在7%以上，2019年的新冠病毒感染疫情也未对其造成影响；美国和日本中小银行的ROE经新冠疫情暴发期间的短暂下跌后也快速回升到之前的水平，均约为10%；中国台湾地区银行业的ROE水平虽有一定波动，但同样幅度不大，经历几年下跌后，近两年也有回升态势，且中国台湾地区本地商业银行的ROE水平在2022年超过邮政储蓄银行高达9%以上，信用合作总社和农渔会信用部也分别重返5%和4%以上。

（五）从机构数量看，中小银行都经历过一系列市场化并购重组，机构数量较之前大幅减少

根据美德日三国中小银行和中国台湾地区银行业发展历程的梳理，可以发现这几个国家和地区的中小银行都经历过类似的发展历程，即"初期严监管—放松监管—高度自由化—并购重组潮—稳健经营"的发展路径，因此其机构数量也经历了"由少到多再到少"的趋势。例如：美国银行业在1980年

之前，受到《麦克法登法案》《格拉斯－斯蒂格尔法案》等法律的保护得到了蓬勃的发展，机构数量不断增加，截至1980年，美国有14 078家社区银行，占商业银行机构总数的97.51%；在1980年后曾经历了三轮并购浪潮，2022年末银行数量已不足4800家，较十年前下降了30%多。德国的储蓄银行截至2021年，共计371家，较2000年减少190家。日本信用金库由1998年的400多家锐减至2022年的254家。中国台湾地区本地商业银行的数量也由2002年的52家减少到2022年的39家。

此外，为了适应恶化的经营环境，中小银行开始通过资本整合或成立金控平台来实现优势互补。例如：自2014年以来，在日本先后有横滨银行与东日本银行组建控股金融公司、东京都民银行与八千代银行合并重组为东京TY金融控股银行等案例出现；中国台湾地区于2001年制定并通过《金融控股公司法》，希望通过金控集团内所有子单元的协同效应来提高赢利能力，如今台湾地区已经成立16家金控集团，而从经营成绩来看，2010—2018年，台湾地区金控集团的平均总资产规模增速约8.5%，高于单一业态的金融机构。

总之，中小银行通过一系列"优胜劣汰"的并购重组，一方面增强了自身的资本实力，使其抵御风险的能力更强；另一方面让银行业资源的集中度进一步提高，有效提升了金融资源的配置效率。

（六）从监管政策看，采用差异化的监管政策

美德日三国根据银行的规模、业务模式、风险状况和财务状况等，在监管政策和要求上实施差异化的监管方法。这种监管方法旨在根据不同银行的特点和风险水平，制定适合其业务特征的监管政策和要求。例如，美国主要采用"适配性"的监管策略。所谓"适配性"指的是监管机构根据银行的风险特征和系统重要性来确定相适应的监管规则和监管行为。2019年10月，美联储通过对商业银行资本充足率、杠杆率、大额风险暴露、流动性指标、压力测试及监管报告等要求统筹进行了修订，从而减轻了小银行监管负担，放松了部分大中型银行的监管要求；德国和日本银行业的差异化监管主要基于比例性监管原则，即监管政策和要求会根据银行的规模、业务复杂性和风险水平进行差异化处理，针对中小银行则在监管要求、监管报告和信息披露、风险导向方面给予一定的简化和灵活性，并在资本充足率、流动性指标、市场风险加权资产计算等方面实

行差异化监管；中国台湾地区银行业由于并未对中小银行做明确区分，因此其根据银行机构性质的不同适用于不同的法律，例如中国台湾地区本地商业银行的监管适用于《银行法》，合作信用社的监管适用于《合作金库业法》，农渔业信用部的监管适用于《信用合作社法》等。总之，与中小型银行对金融稳定和金融体系的风险影响相适配，各国和各地区监管机构都相应地简化和放宽了中小银行的监管标准，以便释放中小银行活力、减少过度监管、提高银行业赢利水平。

二、先进国家及地区中小银行的经营差异

除了上述的经营相似之外，美德日三国中小银行及中国台湾地区银行业在经营发展方面也存在一定的差异性，主要表现在以下几点。

（一）在中小银行的标准划分方面，并未形成统一的标准

美国、德国、日本三国和中国台湾地区由于金融体系成熟度和银行规模的不同，对于中小银行的划分并未形成统一的标

准。具体而言：

1. 美国由于金融体系最为完善，其对中小银行的划分基本上完全以规模作为标准，例如根据官方的分类标准，将资产 2500 亿美元以上的称为大型银行，将资产 100 亿—2500 亿美元的称为中型银行，将资产 100 亿美元以下的称为小型银行。

2. 德国的银行业分为全能型银行（包括商业银行、州立银行、储蓄银行、信用社）和专业银行（包括按揭银行、建房互助协会、政策性银行），其中以地方储蓄银行（州立银行和储蓄银行）和信用社作为中小银行的代表。

3. 日本的银行业主要按其经营区域分为都市银行和区域银行（地方银行、第二地方银行、信用金库等），通常将区域银行视为中小银行。而地方银行由于在区域银行中占据绝对的主导地位，可以主要作为日本中小银行的代表。

4. 中国台湾地区的银行业主要分为商业银行（包括台湾本地的商业银行和外国及大陆在台分行）、邮政储蓄银行（即"中华邮政储汇处"）、信用合作社和农会、渔会信用部。由于中国台湾地区银行规模本身并不大，因此对于中小银行并未有明确的标准，只是将除商业银行和邮政储蓄银行之外的信用合作社和农渔会信用部视为基层的金融机构。

（二）在监管层级方面，部分采用多层监管，部分采用单一监管

在监管层面，由于各个国家和地区的政体和监管机构监管权限的不同，其银行业所受到的监管可能来源于不同层级的监督管理机构。因此这几个国家和地区银行业的监管存在多层级监管和单层级监管的差异。具体看：

1. 美国银行业监管采取了"双轨制"的多层级监管框架，由联邦政府和州／属地相关机构共同监管。其中，联邦层面，联邦政府主要为确保银行在跨州业务经营时不遭受地区间的不公平待遇，控制全国性风险，主要由货币监理署（OCC）、美联储（FRB）、联邦存款保险公司（Federal Deposit Insurance Corporation，简称 FDIC）等机构负责监管。而每个州都有自己的监管机构，例如纽约州银行局（New York State Department of Financial Services）等，主要负责监督管理本州内的本国银行和州内的外资银行。州一级监管机构除了负责颁发银行特许经营权，还负责进行银行审查，制定和执行法规。所有州一级监管机构都可以实施制裁，例如撤销特许经营权、签发终止令、免去银行高管职务以及征收罚款。地方性州／属

地银行可以自主选择成为联邦储备体系的会员。如果州银行选择成为联邦储备体系的会员，则必须接受联邦和州银行监管当局的双重监管。

2. 德国由于是欧盟成员国之一，因此其国内银行业的监管也具有多层监管的属性，不仅要受到来自联邦及各州银行监管机构的监督管理，还要受到来自欧盟层面的金融监管机构的监督管理。德国国内银行业监管机构包括联邦财政部、联邦金融监管局、德意志联邦银行、金融稳定委员会等机构监管。来自欧盟层面的银行监管机构包括欧洲银行管理局（European Banking Authority，简称 EBA）、欧洲央行系统（European System of Central Banks，简称 ESCB）等。同时，监管机构会根据金融机构的规模和类型，采取不同的监管模式。如果一家银行的资产总值达到 300 亿欧元，或者占到 GDP 的 20%，或者从排名上来看是成员国内部的三大银行之一，那么该银行就直接由单一监管机制来负责监管。具体的监管工作由联合监管团队负责执行。联合监管团队的工作人员来自欧洲央行和成员国的重要金融监管机构，德国的团队成员主要来自联邦金融监管局及德意志联邦银行。对德国约 1300 家重要性较低的银行的监管仍由国家层面的监管机构直接进行，欧洲央行则进行间接监管，例如制定监管实践的共同指导方针。

3. 日本银行业的监管主要来自国内金融监管机构的单层级监管。目前，日本银行业的监管机构主要包括日本金融厅（Financial Services Agency，简称 FSA）、日本银行（Bank of Japan，简称 BOJ）、金融机构振兴机构（Deposit Insurance Corporation of Japan，简称 DICJ）、金融审计院（Board of Audit of Japan）等。同时，还存在诸如地方银行协会（Regional Bank Association）、第二地方银行协会（The Second Association of Regional Banks）、地方信用合作社联合会（Prefectural Federation of Credit Cooperatives）等行业组织负责协调地方银行、信用金库的共同利益和发展。这些机构共同合作，确保日本银行业的稳定和安全运营，保护金融消费者的权益，并维护金融系统的正常运行。

4. 中国台湾地区的银行业监管同样也是来自金融监管机构的单层级监管，主要包括"金融监督管理委员会"（Financial Supervisory Commission，简称 FSC）、"中央银行"（Central Bank）、存款保险公司（Central Deposit Insurance Corporation，简称 CDIC）等。其中，"金融监督管理委员会"于 2004 年 7 月挂牌成立，结束了中国台湾地区将银行业（包含信托业）、保险业、证券业分别由原先的三个机关，即"金融局""保险司""证券暨期货管理委员会"进行独立监管的局势，中国台湾地区的金融监管自此进入监督、管理、检查一元化时代。

（三）在监管要求方面，不同国家和地区的法规和准则有所差异

各国或地区在银行业监管方面的法规和准则可能有所不同。以资本充足率要求为例，《巴塞尔协议》的规定被广泛接受并用于制定各国国内的资本要求，但是具体的资本充足率要求和其他监管规定可能因国家和地区而异，以适应本地的金融市场和监管需求。具体看：

1. 美国依照"量身定制"原则，对不同资产规模的银行施以不同的监管要求（EPR）[①]。例如，简化总资产100亿美元以下的小型、社区银行资本充足率考量方法，只需保证杠杆率指标介于8%—10%，便可认为该银行已满足资本充足

[①] 需要注意的是，自2023年3月份以来，硅谷银行、签名银行、美国第一共和银行相继破产并被接管后，美国相关金融监管机构正积极试图就现在的监管政策进行调整，可能会收紧监管要求，进行更频繁或更严格的压力测试等，后续将持续关注监管政策的变动。

率要求。

2. 德国银行业的资本充足率是由德国联邦金融监管局（BaFin）根据欧洲银行业监管要求和《巴塞尔协议Ⅲ》制定和监管的，其具体的资本规定由欧洲银行业监管局（EBA）制定，并在德国得到执行。因此德国银行业的资本充足率是参照欧盟和《巴塞尔协议Ⅲ》两个维度来制定的。

3. 日本银行业对于资本充足率的规定分为国际标准和国内标准。国际标准以《巴塞尔协议Ⅲ》规定为准，即总资本充足率不低于8%，核心资本充足率不低于6%。同时，为了减轻日本银行业的资本监管压力，日本金融厅还规定了日本银行业资本充足率的国内标准，根据每家银行的具体情况进行个别监管，并对不同银行制定相应的资本要求，且资本充足率的标准通常要小于国际标准。

4. 中国台湾地区银行业的资本充足率由"金融监督管理委员会"制定和监管，主要参照《巴塞尔协议Ⅲ》的规定。此外，中国台湾地区的金融监管机构还可能根据国内外的经济环境和金融市场情况，对资本充足率的要求进行定期审查和调整，以确保银行业能够稳健运营并有效管理风险。

（四）在风险管理方面，不同国家和地区的风险侧重点不同

不同国家和地区在风险管理方面可能有不同的重点和方法。具体看：

1. 美国在风险管理方面注重强化资本和流动性管理，并对系统重要性银行实施额外的监管要求。例如，美国将总资产在 500 亿美元以上的银行分为 5 类，对这 5 类银行在资本监管指标、流动性监管指标和大额风险暴露监管指标方面均做了差异化的监管要求。

2. 德国银行业监管着重于强调风险管理和风险控制，并注重银行的风险透明度，监管机构对银行的资本充足率、风险管理和内部控制等方面提出较为严格的要求，以确保银行能够稳健运营并应对金融风险。例如，德国信用社在内部公司治理方面，普遍建立了"两会一层"（即全体社员大会、监事会、管理层）架构，在外部监管方面，依赖强制性的外部审计制度，实现了内外部治理相结合，有效提升了公司治理水平。

3. 日本注重加强风险管理和合规性，特别关注信贷风险和操作风险。例如，日本金融厅要求银行建立有效的风险管理制度，监管机构会定期评估银行的风险管理能力。此外，日本的

监管机构对银行的合规性要求非常严格，要求银行要建立有效的内部控制和合规性制度，监管机构会对银行的合规性进行监督和审核，确保银行在业务运作中遵循法律和道德规范。

4.中国台湾地区的监管机构注重风险管理和合规性，特别关注流动性风险和信贷风险。例如台湾的监管机构注重风险导向的监管。监管机构鼓励银行建立有效的风险管理制度，包括信贷风险、市场风险、操作风险和流动性风险等方面的管理。监管机构定期评估银行的风险管理能力，并要求银行建立适当的内部控制和风险管理框架。

（五）在经营理念方面，部分强调稳定，部分强调创新

各个国家和地区的文化和传统也会对银行业监管产生影响。具体看：

1.在美国和中国台湾地区，市场导向和创新性在监管中也扮演着重要角色。例如，美国和中国台湾地区都有大量的银行机构。监管机构也鼓励市场竞争，促进银行业的发展和创新。同时，监管机构也会采取措施，以确保市场参与者能够在公平竞争的环境中运营，并遵守反托拉斯和反垄断法规。

2. 在日本和德国，强调稳定和保守的经营理念在监管中得到重视。监管机构鼓励银行维持充足的资本储备和流动性，以应对潜在的风险和压力情况。此外，监管机构也强调银行的风险透明度和财务报告的准确性，以保障市场的稳定和投资者的信任。

（六）在业务战略方面，不同国家和地区的业务战略有所差异

每个国家和地区的具体业务战略可能因银行的规模、定位和市场需求而有所不同。具体看：

1. 美国中小银行彼此之间呈现出差异化经营特点和错位竞争格局。例如根据梳理美国不同规模银行的贷款结构发现，美国资产规模在 1 亿以下的微型银行、1 亿以上的小型银行和中型银行业务结构差别较为突出。商业地方贷款方面，小型银行（资产 1 亿—100 亿）占比最高，约占 25%—35%；中型银行（资产 100 亿—2500 亿）和微型银行（资产小于 1 亿）约占 10%—20%；而在零售业务贷款方面，微型银行（资产小于 1 亿）的占比较高，小型银行（资产 1 亿—100 亿）占比则较低。

2.德国的储蓄银行、信用社依靠其地域优势,专注于本地业务,坚持管家银行模式。这种模式强调个性化的服务、专业化的投资管理和综合的财富规划,旨在为高净值个人和家庭提供全面的财富管理和个性化的金融服务。例如,通过专业的财富管理团队,并根据客户的需求和风险偏好为客户提供个性化的投资组合和财富增值策略等。

3.日本地方银行同样专注本地的业务,在主银行①机制下,企业各项业务集中于主力银行,地方银行与中小企业之间形成了长期、稳定、综合的交易关系。在与中小企业的互动过程中,日本地方银行扮演的并不仅仅是贷款行、资金方的角色,其对中小企业的支持不仅仅是一种资金的支持而是一种引领和指导,即对中小企业的整个生命周期提供全方位支持。例如,众多地方银行定期向中小企业派驻专员,了解其经营问题和现状,提供管理、市场和运营问题解决方案,对当地的中小企业从起步到扩张提供全方位的战略支持。

---

① 在主银行制度下,日本中小银行可参股实体企业,银企关系富有特色。主银行一般是为企业提供最多贷款的银行,可依法持有不超过5%的企业股份,身兼债权人和所有人双重身份,还可通过派遣董事等方式与企业保持密切的联系,并为之提供外汇融通、股票发行、公司债发行的受理和担保等综合性金融服务。整体而言,主银行制度保障了银企关系的长期稳定,同时也进一步夯实了日本间接融资服务的核心地位。

4.中国台湾地区由于本地企业逐渐在大陆及东南亚地区投资设厂，本地的对公业务下滑，因此在台湾地区金融监管机构的鼓励下，中国台湾地区的银行业一方面在岛内逐渐向零售业务方向发力，另一方面开始大力发展国际业务，纷纷向岛外发展，通过收购或设立境外分支机构进入国际市场。以两岸金融为例，截至目前，一共有 5 家台资银行① 在大陆设立子行；另有 9 家台资银行② 在大陆设立 35 家分行③。另外，台湾最大的金控集团控股了海峡两岸共同出资组建的富邦华一银行，同时还是厦门银行的第二大股东。

三、先进国家及地区中小银行发展对中国大陆的启示

当前，我国面临的内外环境相对较为复杂，外部环境仍不

---

① 分别为台北富邦银行、永丰银行、玉山银行、国泰世华银行和彰化银行。
② 分别为第一银行、土地银行、合作金库银行、华南银行、中国信托银行、兆丰银行、台湾银行、台湾企银、上海银行。
③ 子行和分行的区别在于：分行在大陆是非法人机构，资金和业务可以获得总行支持，但分行只能吸收单笔人民币 100 万以上的定期零售存款，且不能从事银行卡等零售业务；子行是独立法人资格，属于大陆银保监会直接管辖，可以开展零售业务，但是对资本金要求较高。

乐观，经济下行的压力也依然存在，同时，大行业务下沉，中小银行市场空间受挤压的趋势不可避免。因此，大陆中小银行在未来的发展过程中，可以通过总结与吸收国外及台湾地区中小银行的经验与教训，并结合大陆的实际情况，走出一条特色化、差异化的路线，推动我国经济尤其是地方经济的健康发展。根据先进国家及地区中小银行发展的经验，未来大陆中小银行的发展之路可从以下几点着手。

（一）明确服务当地的战略定位，形成差异化的竞争格局

为了应对来自大行业务下沉的挑战，我国的中小银行应同国外的中小银行一样，借助在当地的品牌声誉，发展战略的制订紧紧围绕当地、扎根本地，坚定服务地方经济，向本地的中小企业和个人客户提供差异化、特色化的金融产品服务，以便形成错位竞争的格局，增强本地客户的黏性。例如，可以在本地用户的生活场景方面进一步下沉，从自身资源禀赋出发，不管是 C 端、B 端还是 G 端，首先挑选一两个场景，做深做透，做出口碑，再横向扩展场景，不断增强当地用户的黏性，逐步覆盖用户各类生活场景，建立客户生活生态圈。

（二）调整资产负债结构，扩大非息收入占比

同美德日三国和中国台湾地区一样，我国大陆中小银行的业务也主要以传统的存贷款为主，但目前存贷利差逐步收窄，息差收入下降，赢利能力承受较大压力，这就要求中小银行应根据政策环境调整资产负债结构。从资产端来看，要加强行业研究，深耕蓝海领域，精准识别客户，依靠专业能力找准资产配置的方向，提升风险定价水平和能力；从负债端来看，要持续降低负债成本，发展更为广泛的客群，丰富资金来源，通过合理配置资金期限及调整价格促使负债成本下行。同时，中小银行应抢抓机遇，加速布局财富管理等业务，加大中间业务发展力度，让非息收入在银行营业收入中发挥更大作用。此外，中小银行还应提升成本控制意识，完善成本控制体系，持续降本增效，建立以经济增加值为核心目标的绩效评价体系，更加科学、精准地核算成本和收益。

（三）深耕普惠金融领域，实现零售业务的差异化发展

在"双循环"新发展格局下，深耕普惠金融领域，大力发

展零售业务既是助推中小银行自身高质量发展的客观需要,也是助力乡村振兴、为新发展格局打开广阔市场的重要抓手。中小银行可以从目标客群、展业模式、产品服务三个维度来实现零售业务的差异化发展。从目标客群看,中小银行应做好客户画像,制订客户的分层分类标准,对不同客群的目标定位,制订有区别的运营策略;从展业模式看,中小银行应围绕与零售业务相关的财务管理主题、消费金融主题等,根据自身资源禀赋选择相适宜的财务管理和消费金融展业模式,加速丰富相关产品谱系,设计推出具有吸引力的特色产品。从产品服务看,可结合国家与地方政府的政策导向和重点扶持项目、地方战略部署或特色产业、乡村振兴着力点等方面去设计推出相应的金融产品与服务方案,做大普惠金融蓄水池,有效缓解"三农"、小微企业的融资难题。

(四)关注自身发展质量,加强数字风控体系建设

受到经济下行、小微企业步履维艰、房地产进入调控期等因素的影响,中小企业的经营风险和信用风险不断累积,不良贷款处置压力加大,因此构筑稳健的风险防控体系至关重要。

中小银行在自身规模相对有限的情况下，应努力提高风险管控水平，探索建立科学的风控体系。一方面，可以学习美德日中小银行"小而美"的发展理念，更加关注发展质量，彻底改变重规模轻管理的发展方式，走内涵式的精细化发展道路，完善业务规则，强化合规经营，持续提升自身的金融创新能力、敏捷的组织变革能力以及深度的客户经营能力。另一方面，要积极拥抱金融科技等新兴技术，深化技术应用，构建统一灵活的数字化风控平台等。当然在这一过程中，中小银行应量力而行，善于同金融科技公司及数字化发展领先的大型银行合作，注重采用大小银行合作方式有效解决科技赋能问题。

（五）实行差异化的监管策略，保障银行业的有序运行

2023年2月，原中国银保监会和中国人民银行在原本的《商业银行资本管理办法》基础上进行修改，并发布了征求意见稿。征求意见稿为我国商业银行构建了差异化的资本管理体系，根据银行的业务规模划分三个档次，并针对不同档次的银行制定不同的资本监管方案。这种差异化的资本管理体系，能有效激发中小银行活力，提高资本的流通性，同时还能减轻中

小银行的合规成本，引导中小银行聚焦中小微企业和实体经济，充分发挥其金融服务职能。在未来，我们也应该继续学习和探索国外的"适配性"监管政策，拓展"适配性"原则适用范围，助力优质中小银行更好地发展，同时参照国际实践，适当放宽部分小型银行大额风险暴露敞口限制，并通过细化分类标准，针对不同类型银行的流动性指标实行差异化监管。当然，我们也需要牢记底线思维，明确简化、放松监管标准并不等于放弃监管、放任不管。

（六）加快中小银行重组步伐，优化金融资源的配置

中小银行通常资金规模小、业务单一，资本赢利能力相对较弱，其应对风险能力也相对较弱。因此可以像国外中小银行一样，通过市场化的并购重组方式，实现"优胜劣汰"和金融资源的优化配置，这样不仅能够有效实现小型银行资源向中型银行聚集，提高我国银行业的市场集中度，在降低银行运营成本的同时，提高银行的经营效益，而且有利于规范对中小银行的治理和监管，有效助力其改革化险。近年来，我国也十分重视并支持中小银行的改革重组，鼓励中小银行通过"抱团取

暖"的方式来强化资本实力，优化金融资源的配置，以应对金融改革中的风险。例如，2023年1—4月，我国先后有哈尔滨银行、郑州银行、鞍山银行、富滇银行通过收购、增资等方式完成对村镇银行的重组工作。未来，在金融监管改革持续深化、银行业迈向高质量发展阶段的大环境下，预计中小银行改革重组并购的步伐将进一步加快。

第五章

中小银行未来发展展望

一、中小银行未来发展趋势

在外部环境快速变化的情况下，中国银行业自身发展战略与经营模式不断演变，叠加客户需求升级，银行业正面临增长、赢利、资产质量等当期或潜在压力。规模高速增长迎来拐点，增量时代转变为存量时代，精耕细作替代跑马圈地。曾经"以规模驱动增长"的模式难以为继，高质量发展成为行业共识。

（一）行业格局：分化持续背景下行业格局更新

受外部环境影响，中小银行所面临的结构性挑战有所加剧，尾部金融机构风险问题突出。叠加中小银行分化现状以及发展趋势，未来中小银行可能会向三个方向分化发展，且中小银行数量将大幅缩减。

第一，极少部分中小银行，尤其是已具备相当规模和综合实力的领先机构，未来可能会继续向上突破，成长为中型银行，或者获得某种类似的政策待遇，以更好地分散金融风险。

第二，另外小部分银行，已经面临较大经营风险且缺乏核心竞争力的，或将随着经济增速下台阶、利差不断下行、风险进一步放大，最终被行业淘汰。在监管的鼓励下，部分区域性银行机构开始寻求通过兼并重组化解金融风险，提升机构抗风险能力，优化运营效率，强化对于区域经济的支持能力。监管部门对此项工作的重视程度也在不断提升，2022年年初原银保监会工作会议提到要"持续推进中小金融机构兼并重组"，兼并重组或将成为解决中小银行发展短板、防范化解金融风险的重要抓手。

第三，从监管趋势以及现状来看，大多数中小银行未来都应继续深耕本土、服务小微和市民的发展路径，以线下化和非标准化为主的方式服务中小微企业，该方向或将是普通中小银行在未来更激烈的行业竞争中最易于生存下去的方式，甚至是应对激烈竞争的一条主流生存之道。

（二）业务经营：经营模式及业务结构面临调整

内外部环境变化下，中小银行需要从"风险适配"的角度选择不同的发展道路，推动高质量转型发展。单纯依靠传统业务和红利行业的息差的经营模式难以为继，资负及业务结构面临调整，客户经营将成为中小银行经营绩效的成败关键。

资产负债表重构，银行收入结构也将面临调整。我国经济进入高质量发展新阶段，企业、居民、政府资产负债表不断变迁，对中国银行业经营影响深远。曾经支持银行快速扩张的资产来源，如房地产、政府平台、传统产业等，日益受到限制。在政策引领下，新兴产业、绿色产业等发展迅速。居民和企业财富配置呈现多元化，权益资产的占比有很大的提升空间。但银行业资产增长的新驱动力尚未形成稳定态势，中长期需做好调整策略性资产投向的准备。而重构资产负债表的核心在于忠诚客户基础的定义、培育和夯实。

零售突围任重道远，财富管理成为战略高地。作为构建新发展格局的关键路径与手段，预计政策将持续加大引导扩大内需的力度，促进消费成为 2023 年经济发展的重要任务之一，大力发展零售业务是银行的必然选择。近年来，中小银行纷纷发力零售业务，提升零售业务营收贡献。但是，零售业务转型是一项系统化的长期工作，难以一蹴而就，只有坚持体系为王、客户为核、机制为要，才能形成经营绩效与能力提升的可持续"正向循环"。其中，财富管理业务将成为进一步推动银行零售转型、深化客户经营深度、提振中间业务收入的战略高地。

经济结构调整和产业升级浪潮下，产投融业务加速发展，集团协同推进综合化经营。企业客户综合需求提升，银行业金融机构需打通直接融资与间接融资的大循环，联动大资管业务板块。目前，国有大型银行和股份制银行已将"投资银行＋商业银行＋资产管理"的转型上升为全行战略，领先的城市商业银行亦积极升级综合经营模式，为公司业务客户打造综合化金融解决方案。同时，金融供给侧结构性改革要求银行机构完善金融服务体系，提升金融服务质效，提高金融服务模式与产业转型发展需求的适配性，更好地支撑高端产业、智能产业、绿色产业等升级发展，助力现代化产业体系建设。

个性化与极致体验为客户青睐，客户经营虽难必行。客户对银行金融产品、服务和体验的个性化、专业性及综合性需求持续增加，个性化与极致体验对于客户选择机构和客户留存愈发重要。加之大型银行不断通过价格和产品优势"掐尖"优质客户，客户体验管理已成为商业银行，尤其是中小银行客户经营的核心课题。通过"千人千面"的个性化产品创设和服务、线上线下无缝接轨的场景金融、客户生命周期全旅程经营将成为赢得客户忠诚度的关键。

（三）科技创新：中小银行数字化转型虽难必行

央行数字货币体系建设进程加速、数字人民币推广持续推进对商业银行数字生态建设提出新要求，"云化转型""云上架构"趋势从国有大行和领先股份制银行向区域性银行延伸。中小银行受到宏观经济下行、外部市场竞争压力、客户群体需求改变和自身基础较差等因素的影响，数字化转型更加必要且迫切。

未来，积极布局数字化转型、提升数字化能力、加大数据资产对业务和管理能力提升的应用、健全数字业务复合型人才，已成为银行业的必然趋势，中小银行必然也要参与其中。

（四）管理治理：经营管理及公司治理水平提升势在必行

管理方面，传统"高投放、低效益"的粗放式发展模式弊端日益显露，赢利和资源承压，银行走向精细化经营管理、推动内涵式发展成为必然。但精细化管理复杂程度高、落地难度大、管理人才缺失、缺乏管理系统和平台，银行仍面临诸多挑战，区域性银行问题尤其突出。在高质量转型发展的要求下，以管理精细化水平提升推动降本增效势在必行。

治理方面，对比大型银行，中小银行在股权结构、公司治理机制、信息披露等方面存在较多问题，在公司治理方面还存在较大差距。而健全有效的公司治理是银行的核心竞争力，也是银行持续稳健发展的根基。面对趋于复杂和不确定的外部环境，叠加高质量发展要求，完善公司治理体系是中小银行进一步发展的必然选择。

（五）行业监管：监管逻辑和框架或面临升级调整

党的二十大明确了我国金融监管体制的改革方向，组建国家金融监管总局，强化对除证券业之外的金融行业的统一管理，进一步提升防控系统性金融风险和服务实体经济的能力，开启金融业高质量发展的新征程。

中小银行监管方面，多层次银行体系的建立在我国经济高速发展期间起到举足轻重的作用。着眼未来，笔者建议监管理念转变以"出身"形成的监管分类模式，逐步过渡为以资产规模和监管评级为标准的"分级分类"动态化监管模式；准确把握实质性金融风险；兼顾对于中小银行高质量发展转型的支撑，引导中小银行扭转"规模情结"，在牌照申请、市场准入等方面给予优秀中小银行更多平等竞争的机会。

二、中小银行转型建议

（一）银行领导力：保持转型定力与灵活性

宏观经济充满不确定性，市场快速变化，同业竞争日趋激烈，客户需求持续升级，中小银行高质量发展面临来自市场环境、客户需求和能力基础等多方面的挑战，转型之路道阻且长。因此，未来需要在不确定的环境下寻找确定因素，发挥银行领导力，给予组织决心与信心，保持战略定力和战略自信，努力克服转型阵痛，坚持高质量发展转型，打造穿越周期的卓越银行。

同时也需要具备一定的战略调整灵活性，善于勇于纠偏。

通过敏捷、柔性组织快速应对市场变化，并辅以充分授权、绩效鲜明、包容开放的机制予以保障。中小银行应始终保持清醒的认知和危机意识，在市场竞争白热化的当下，能够围绕市场定位不断挑战自身、自我革命。凭借着自我革新意识和创新行动，卓越银行在不确定的市场环境中能够灵活应对变化，保持业务发展的正向循环。

因此，中小银行需面向未来审视战略愿景，深刻理解环境和社会变革，抓住行业发展趋势，结合本地经济环境、内部资源禀赋和差异化经营的需要，兼顾ESG（环境、社会和公司治理）战略、绿色金融战略等新话题，形成具有自身特点的战略定位和战略规划；同步构建有效的战略执行机制，将战略任务落实到具体执行部门，明确阶段重点工作、阶段目标以及协同机制；定期开展战略执行审阅，回检分支机构及全行整体的战略执行情况，支撑战略转型的不断迭代和灵活调整。

（二）高质量发展：外向规模驱动转向内生增长

如前文分析所示，粗放式"扩张之路"难以为继，强弱分化加剧。中小银行需要思考和探索转型之路，对标穿越周期的卓越银行，始终坚守本源，围绕"基础客户、基础业务"，从深耕本地出发，结合资源禀赋，积极探索适合自己的增长道路，关注内生增长，将客户深度经营、经营效率提升作为重点。从高资本消耗、以利息为主的赢利模式，转向以轻资本为主的、多元化的利润来源。

大道至简，回归本源。中小银行应抛弃原先以外在规模为重的理念，转而注重内涵价值，通过走高质量发展之路，打造穿越周期的"卓越银行"。中小银行应优化业务和资产结构，注重业务效益、资产质量、管理效率，实现高质量发展；结合所在区域、自身禀赋，聚焦有特色的商业模式、经营客群、产品服务，做到"人无我有，人有我特"，推动特色化发展；注重长期收益，追求百年老店，基业长青，实现可持续发展。

（三）差异竞争：基于资源禀赋获得差异化优势

定位清晰、独具特色的银行往往具备充足的规模和利润增长原动力，能够穿越行业周期，呈现长期卓越的业绩表现。诸多中小银行具有"本地基因"，但在过去"跟随战略"的浸淫下，缺乏差异化竞争的意识和能力。

未来中小银行需从监管、区域经济、市场、竞争对手等外部因素和资源禀赋、能力、管理稳定性等内部因素出发，在战略差异化、客户差异化、产品差异化、服务差异化、流程差异化和区域差异化等方面深入思考，并推动与之相适应的差异化中后台支撑能力建设，最终形成符合各自实际、独具特色的差异化竞争优势，走特色化发展道路，避免与大行的同质化竞争。

（四）创新驱动：勇于创新、细微创新、迭代式创新

过去在监管"审慎经营"的大框架下，中小银行业务和创新受限，大型银行和中小银行提供的产品和服务无限趋于同质化是必然的现象。同时，增量市场下，叠加自身资源和能力不足，中小银行缺少创新的意识和想法。

但随着增量市场向存量市场转化，数字化持续渗透到各个领域，商业形态和客户需求的快速变化使快速迭代的数字化创新成为整个银行业的必然选择。银行在推进创新战略时需把握住勇于创新、细微创新、迭代式创新三大关键点，通过创新更好地服务客户，将"创新"作为基因，融入银行文化。同时，

银行还需构建覆盖创新全生命周期的配套机制，尤其是容错机制。以创新支撑银行在不确定的市场环境中能够灵活应对变化，保持业务发展的正向循环。

（五）勤修内功：管理治理提能增效，保证长期可持续增长

高质量发展重塑银行的商业逻辑，对中小银行的组织管理与公司治理能力也提出了更高的要求。

中小银行由于历史原因，在公司治理上基础差、问题多，更需要构建现代化的公司治理机制，提升治理效率、控制治理成本。因此需要进一步加大引入优质股东，鼓励中小银行在多层次资本市场进行股权融资，力争股东结构的多元化、分散化，提升股权交易的便利性从而提高股权估值；推动地方政府和国资角色转换，减少直接行政干预的色彩，提高中小银行公司治理的市场化、专业化程度。

同时，中小银行在战略人才、风险经营、数字科技、财务管理、运营管理等领域应做好储备，充分发挥中后台能力的精益价值，夯实内部管理基础。完善前中后台协同、总分联动管

理机制，打造表内、表外、表外联动的一体化作战模式，实现在不确定环境中的长期可持续增长。此外，还可以通过构建企业绩效管理（EPM）能力，以实现对战略落地的有效过程管理。最后，结合数据驱动、敏捷组织、客户体验等未来转型方向的关键领域，引入并储备复合型人才，形成与新战略要求相匹配的人才能力结构。

三、关于推动我国中小银行高质量发展的相关建议

中小银行高质量发展转型不是孤立的问题，牵扯到整个金融系统的发展与支持。既需要中小银行能够"认清现实、明确定位、夯实基础，坚持转型"，也需要监管政策的引导与支持。因此，本书尝试从以下三方面提出我国中小银行高质量转型发展建议。

（一）以完善的公司治理体系夯实高质量转型发展基础

新发展格局下，中小银行高质量转型发展首先需要夯实公司治理基础，在存量风险持续出清的同时，防止增量风险，更

好地发挥支持地方经济，支持"三农"和小微企业的重要作用。首先，要强化股东资质和行为监管，优化股权结构；其次，要夯实"三会一层"（股东会、董事会、监事会和管理层）履职监督能力，形成有效制衡、协调运作的公司治理架构；再者，要完善激励和约束机制，加强专业化人才队伍建设；此外，要基于责权利对等的原则，理顺地方政府与中小银行的关系，推动地方法人银行在坚持服务当地定位的同时，有效提升治理能力。

（二）构建以金融风险传染性等级为主要标准的分层监管体系

随着中小银行间由于"出身"造成的差异逐渐消弭，机构间的差异更多体现在定位和金融风险传染性上。且以"出身"为主要标准的分类监管难以继续有效引导中小银行高质量、市场化竞争，甚至引起部分中小银行金融风险在特定区域、行业或者客群的积聚。

未来或可从定位和金融风险传染性角度出发，调整中小银行分类。首先可从定位出发，基于各类中小银行所处区域、所发挥的职能，划分为合作类银行机构和商业类银行机构。对于商业类银行机构，建议从自身治理管理规范度、业务结构复杂度、产品服务专业度、同业机构关联度、区域布局广度等角度出发，提炼机构金融风险传染性等级评估指标，探索构建以金融风险传染性为主要标准的动态化中小银行分组机制。

其次，对应打造针对不同金融风险传染性分组机构的差异化动态监管机制，在监管指标、要求和评级等方面贯彻"风险适配"原则，以差异化要求与标准实现"分层监管"。通过定期和不定期评估，及时调整各类中小银行机构金融风险传染性等级及对应的监管要求和标准，及时有效把控实质性金融风险。最后，完善市场竞争规则和机制，充分保障各类银行机构"能上能下，公平竞争"，激发竞争活力，在牌照申请、市场准入等方面给予优秀中小银行平等竞争的机会，逐步引导中小银行从"规模情结"转向"高质量发展"。

（三）以适度的机构整合推动中小银行风险化解和竞争力提升

我国中小银行数量众多，但小机构数量多、经营管理不规范、抗风险能力较弱，容易沦为高风险机构。部分机构位于市场空间有限且容易出现同质化竞争的经济欠发达地区，产品服务、公司治理、人才资源等均不具有优势，缺乏可持续发展的基础。因此，未来存在经营风险和无法可持续发展的中小银行理应稳步退出，在监管的引导下进行整合、重组或转型。未来可从以下两点加强机制和制度建设：

一是通过多种方式推动机构风险的盘点，尽早厘清中小银行真实财务表现和股权结构，排查存在风险隐患的机构。从金融风险传染性出发，做好规划统筹，从全国至省市县各级行政分类上，做好中小银行布局分配，在坚持市场化原则的基础上实现资源的有效配置。

二是建立市场化、法治化的金融机构退出机制。针对不同风险类型设计差异化化解方案，并探索创新化解方案，如城市商业银行和农信机构适当整合、村镇银行和农村合作银行退出或转型等，以提升金融市场整体健康度。长期则需要构建公平有序的金融市场环境，通过财政政策、货币政策和金融监管政策有序引导金融资源有效配置和对实体经济的有力支持。

第六章

中小银行风险处置、企业管理及数字化转型

一、风险处置

我国中小银行数量较多，占全部 4000 多家银行的绝大部分；总体风险水平高于大型银行，部分银行劣变为高风险金融机构。有效处置高风险中小银行是维护金融稳定和实现中小银行高质量发展的要求。中小银行风险透明度低、区域集中、传染性强，风险成因复杂，处置难度大。近年来，有关部门根据各方职责和中小银行风险状况、系统性影响等因素，对风险暴露的中小银行采取了不同的处置模式并取得显著成效，但处置中仍存在风险底数不易摸清、风险处置资源不足、市场作用有待加强等难点和问题。建议在下一步中小银行风险处置中，更好地把握政府和市场、中央和地方、短期和长期三重关系：培养和发挥市场机构、专业机构的作用，在控制风险传染条件下完善中小银行市场化退出机制；推动中小银行风险处置从"一行一策"逐步过渡到分类明确规则，防范道德风险；一体推进中小银行化险和改革，形成参与各方的正向激励约束机制，使风险处置真正成为中小银行高质量发展新起点。

（一）中小银行风险现状及成因

1. 中小银行风险现状

中小银行相比大型银行总体风险水平较高，风险抵御能力较弱。从2022年第四季度各类型银行监管指标看，中小银行尤其是城市商业银行和农村商业银行明显弱于大型商业银行和股份制银行（表6.1）。城市商业银行和农村商业银行不良贷款率分别为1.85%和3.22%，高于其他各类银行；拨备覆盖率分别为191.62%和143.23%，而其他类型银行均高于214%；资产利润率分别为0.54%和0.53%，资本充足率分别为12.61%和12.37%，均明显低于大型商业银行和股份制银行。从净息差看，城市商业银行净息差为1.67%，在各类型银行中处于较低水平；农村商业银行净息差为2.10%，高于大型商业银行和股份制银行，但农村商业银行数量多，分化严重。调研发现，受大型商业银行业务下沉等因素影响，目前有的农村商业银行净息差已降至1%低位。

表6.1 2022年第四季度商业银行主要指标分机构类型情况

单位：%

项目	商业银行	大型商业银行	股份制商业银行	城市商业银行	农村商业银行	民营银行	外资银行
不良贷款率	1.63	1.31	1.32	1.85	3.22	1.52	0.72
资产利润率	0.76	0.88	0.79	0.54	0.53	1.03	0.59
拨备覆盖率	205.85	245.04	214.18	191.62	143.23	282.54	301.97
资本充足率	15.17	17.76	13.57	12.61	12.37	12.40	19.29
净息差	1.91	1.90	1.99	1.67	2.10	3.94	1.58

数据来源：国家金融监督管理总局，中国信达研究部。

从中小银行自身看，财务指标有走弱趋势，面临的风险控制挑战增大。近年来，农村商业银行和城市商业银行的净息差出现持续且相对商业银行平均水平更快地收窄（图6.1）。农村商业银行净息差较高的优势逐渐弱化，而不良率较高的劣势则更加凸显。在商业银行资本充足率总体稳中有升的情况下，城市商业银行和农村商业银行的资本充足率则呈下行态势，资本补充的压力和难度较大（图6.2）。

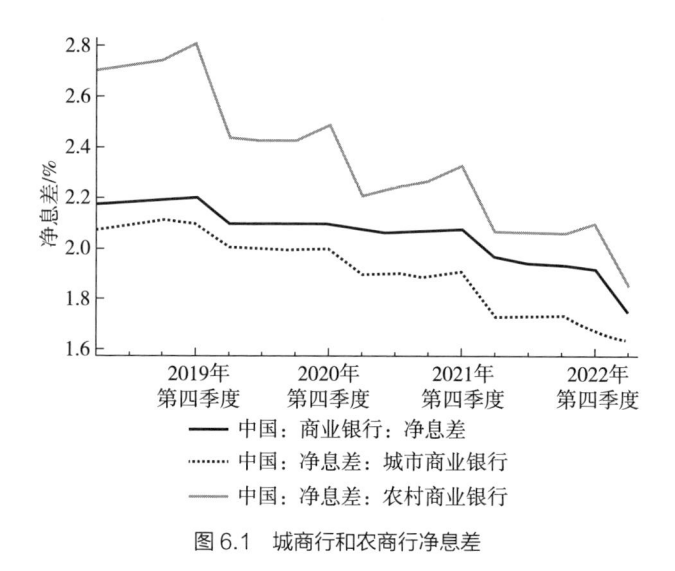

图6.1 城商行和农商行净息差

资料来源：万得，中国信达研究部。

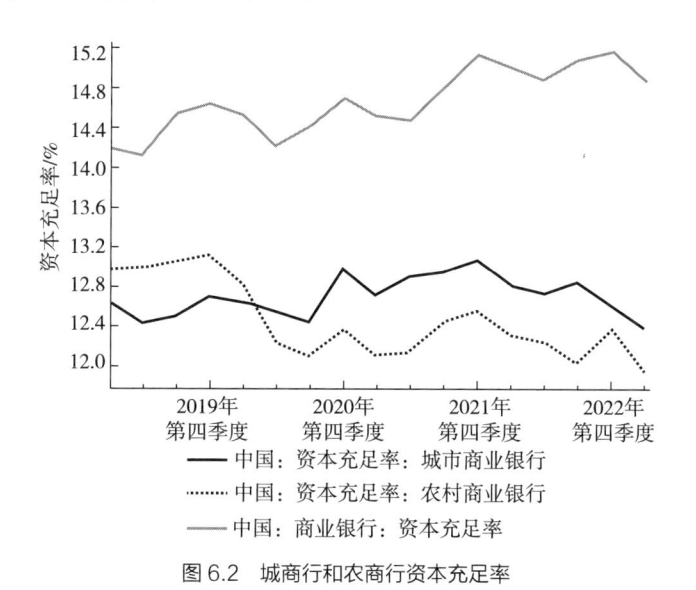

图6.2 城商行和农商行资本充足率

资料来源：万得，中国信达研究部。

部分中小银行劣变为高风险机构。根据中国人民银行评级结果，2022年第四季度银行业高风险金融机构共有346家，相比2021年第四季度增加30家（表6.2）。从银行类型看，大型商业银行、股份制银行、外资银行和民营银行均没有高风险机构，高风险机构集中在城市商业银行和农村中小银行。农信机构和村镇银行的高风险机构数量分别为202家和112家，合计数量占两类机构总数的8.3%，占全部高风险机构的90.8%。高风险城市商业银行16家，占城市商业银行总数的12.8%。

表6.2　中国人民银行银行业金融机构评级结果

时间	8级	9级	10级	D级	8-D级合计（家数）	总资产（万亿元）
2018年第四季度	247	259	80	1	587	—
2019年第四季度	217	244	82	2	545	—
2021年第二季度	135	202	81	4	422	4.6
2021年第四季度	91	157	64	4	316	3.5
2022年第二季度	134	162	67	3	366	5.6
2022年第四季度	114	160	68	4	346	—

资料来源：中国人民银行，中国信达研究部。

中小银行风险有三个特点。一是透明度低。总体上，中小银行公司治理完善程度、信息披露质量不如大型银行，真实风险高于账面风险，股权流动性差。大部分中小银行未上市。从网络司法拍卖情况看，近年来中小银行股权流拍率持续保持高位。二是区域集中。中国人民银行2021年第二季度评级结果显示，高风险机构集中在辽宁、甘肃、内蒙古、河南、山西、吉林、黑龙江7个省区。2022年第四季度评级显示，上海、浙江等10个省市无高风险机构，13个省市辖内高风险机构维持在个位数水平，据此推算其他9个省区高风险机构数量较多。三是传染性强。中小银行经营模式和风险特征具有一定同质性。中小银行活跃于金融市场，既是资金需求者，也是资金提供者，但信用资质弱于大型银行，出现风险易引发同业扩散。中小银行风险以信用风险为主，并可能与流动性风险和声誉风险形成联动。包商银行、硅谷银行等国内外中小银行风险事件都对中小银行的流动性风险和声誉风险管理形成一定压力。

2. 中小银行风险成因

中小银行风险成因复杂。从内部原因看：一是公司治理和股权结构问题。有些银行存在"一股独大"，大股东违法违规行为占用银行资金，最后导致银行遭受巨大损失；有些银行股权结构分散，"内部人控制"现象突出，部分高管在银行内部搞"一言堂"，将人权、事权和审批权集于一身，使监督制衡机制流于形式，导致滋生腐败和利益输送。如包商银行风险来自大股东操纵和内部人控制。锦州银行则是股权结构分散且股东资质较差，形成内部人控制。二是经营模式和经营机制问题。中小银行和大型银行相比，负债成本偏高，经营业务范围和区域范围较窄，对资金运用和风险控制提出更高要求。部分中小银行片面追求短期经营业绩，实行短期化的激励机制，大幅抬升风险偏好，盲目拓展异地经营，资金投向房地产、地方融资平台、弱资质大型民营企业等高风险领域，导致风险累积。

从外部原因看：一是宏观经济下行。2008年全球金融危机以来，我国经济从高速增长向中高速度增长转变，给银行的赢利能力和资产质量带来持续压力。银行资产利润率和资本利润率均持续走低，目前已分别低于1%和10%。中小银行在经济高增长时期机构数量大幅增加、资产规模持续攀升，而在进入高质量发展阶段后，从粗放型模式转向集约型模式，资产规模增速放缓，资产结构和负债结构调整，风险逐步暴露。二是房地产市场变化。中小银行在房地产行业贷款较多，且风控弱于大型银行。2021年下半年以来，房地产企业风险持续扩散，形成行业性风险。2022年，全国人口数量首次出现负增长，房地产开发投资出现1998年房改以来首次下降。房地产市场供求关系的重大变化给中小银行房地产及关联行业资产质量带来压力。三是市场竞争的影响。中小银行经营模式同质化导致竞争加剧、收益下降、风控标准降低。近年来大型银行经营下沉、金融科技的发展进一步增大了中小银行的经营压力,削弱了中小银行的竞争优势。

不同类型中小银行的风险成因有所差别。城市商业银行由于股东和经营区域影响,在地方融资平台、房地产等高风险领域风险敞口较大,部分银行存在地方政府不当干预问题。农村金融机构则除了在房地产、地方融资平台等高风险领域投放外,还受到历史包袱、农业生产周期和农业灾害等因素影响。

中小银行风险正在从公司治理层面转向经营模式和经济基本面层面。近年来,监管部门深入开展中小银行健全公司治理行动,整治银行股权结构、股东行为和关联交易等方面的市场乱象,完善银行激励约束机制、内部风控和外部监督机制,取得明显成效,部分中小银行存在的大股东操纵、内部人控制情况得到有效控制,但经济基本面和银行业经营模式的变化给中小银行带来的风险挑战仍然严峻。

（二）高风险银行处置模式及案例

1. 高风险银行处置中的各方职责

《中华人民共和国商业银行法》规定，当银行已经或者可能发生信用危机，严重影响存款人的利益时，国务院银行业监督管理机构可以对该银行实行接管。《中华人民共和国银行业监督管理法》规定，国务院银行业监督管理机构应当会同中国人民银行、国务院财政部门等有关部门建立银行业突发事件处置制度，制定银行业突发事件处置预案，明确处置机构和人员及其职责、处置措施和处置程序，及时、有效地处置银行业突发事件。银行业金融机构已经或者可能发生信用危机，严重影响存款人和其他客户合法权益的，国务院银行业监督管理机构可以依法对该银行业金融机构实行接管或者促成机构重组。《存款保险条例》规定，存款保险基金管理机构可以担任投保机构的接管组织，对被撤销的机构实施清算。《中华人民共和国商业银行法（修改建议稿）》进一步明确，需要使用存款保险基金的，应当由存款保险基金管理机构担任接管组织。

2022年，时任中国人民银行行长易纲在《建设现代中央银行制度》中提出构建权责一致的风险处置机制。金融监管部门承担所监管机构的风险处置责任。中国人民银行承担系统性金融风险处置责任。地方健全党政主要领导负责的财政金融风险处置机制，承担风险处置属地责任。《中华人民共和国金融稳定法（草案）》中，在金融风险化解阶段，明确了金融机构、金融管理部门、存款保险基金管理机构、地方人民政府的相关职责。在金融风险处置阶段，明确了金融管理部门、被处置金融机构及其股东和实际控制人、存款保险基金管理机构和行业保障基金管理机构、中国人民银行、国务院财政部门及其他行业主管部门、地方人民政府、统筹协调机制的相关职责。同时，国家设立金融稳定保障基金，由统筹协调机制统筹管理，作为处置金融风险的后备资金。

近年来，在高风险银行处置中，根据各方职责和银行风险状况、系统性影响、外部约束等因素采取了不同的处置模式。根据处置主体，可以分为中央有关部门为主和地方政府为主。包商银行、锦州银行风险处置以中央有关部门为主，恒丰银行、山西省城市商业银行等风险处置则是以地方政府为主。

2. 中央有关部门主导模式

（1）以"收购承接+破产清算"方式处置包商银行风险。

2019年5月24日，包商银行因大量资金被大股东"明天系"违法违规占用，长期难以归还，出现严重信用危机，触发法定接管条件，被依法接管。包商银行被接管前已处于资不抵债状况，且涉及同业交易对手数百家，其中逾60%为中小金融机构。针对包商银行的风险特征，由存款保险基金提供部分资金支持，促成新设银行收购承接包商银行业务。2020年4月30日，蒙商银行公告设立，包商银行内蒙古自治区外4家分行公告转让给徽商银行；2020年5月25日，蒙商银行和徽商银行收购的4家分行对外全面营业。2021年2月7日，北京市第一中级人民法院裁定包商银行破产。在包商银行风险处置中，最大限度保护了存款人和其他客户的合法权益，维护了金融稳定和社会稳定大局，同时，坚持了市场纪律，打破了对银行债权人的刚性兑付，促进了风险合理定价，守住了不发生系统性金融风险的底线。

（2）以"引入战投＋财务重组"方式化解锦州银行风险。2019年5月，锦州银行爆发严重的同业挤兑危机。锦州银行资产规模较大、同业关联度较高。中国人民银行、原银保监会会同辽宁省政府，快速引入中国工商银行、信达资产、长城资产对锦州银行进行股权投资并提供增信，明显改善市场对中小金融机构稳健性的预期，阻断风险传染。此后，成方汇达公司以市场化价格收购锦州银行 1500 亿元不良资产，并会同辽宁省国资平台共同出资 121 亿元认购 62 亿股锦州银行新发股份，成方汇达公司成为锦州银行第一大股东。锦州银行 2019 年年报显示，财务重组完成后，锦州银行核心一级资本充足率、一级资本充足率、资本充足率分别达 8.85%、10.38%、12.56%，账面不良贷款率下降至 1.95%，初步具备正常经营能力。2023 年 2 月 2 日，锦州银行公告将实施一揽子财务重组交易，以优化资本结构，提升综合竞争力。锦州银行延期发布了 2022 年年报。锦州银行风险仍有待进一步处置。

3. 地方政府主导模式

（1）以"地方政府注资＋引战重组"方式处置恒丰银行风险。恒丰银行是一家全国性股份制银行。2014—2017 年，恒丰银行多次被曝出违法违规丑闻，两任董事长先后被查。恒丰银行股权结构混乱、公司治理薄弱、经营管理粗放、经营业绩造假的风险逐步暴露，信誉严重受损，流动性一度紧张。山东省政府主动履行属地风险化解责任，在摸清风险底数的基础上，压实老股东吸损责任，严肃追究违法违纪高管责任，牵头制订了剥离不良资产、地方政府注资及引入战略投资者进行重组的改革方案。在剥离不良资产方面，恒丰银行与山东省金融资产管理公司协商达成一致，以799.58亿元价格一次性转让1 438.89亿元不良资产，实现不良资产真实转让、洁净出表。在引进战略投资者方面，中央汇金公司出资600亿元入股恒丰银行，山东省财政出资360亿元，通过鲁信集团注入山东省金融资产管理公司参与恒丰银行增资扩股，新加坡大华银行、南山集团等8家老股东跟投40亿元，合计引入1000亿元战略投资者资金。2019年底，恒丰银行完成不良资产剥离和股改建账，资本充足率等核心指标均达到监管要求。2020年，恒丰银行实现营业收入210.28亿元，净利润达52.03亿元，两项指标均在2021年和2022年保持稳定增长。恒丰银行风险抵御能力持续增强，公司治理逐步规范。

（2）以"补充资本＋合并重组"方式处置部分中小银行风险。补充资本是具有持续经营前景的高风险金融机构改革化险的关键环节，合并重组方式则有利于提高银行抗风险能力。山西、辽宁、河南、四川等省城市商业银行改革中均采用了"补充资本＋合并重组"方式。以四川为例，13家法人城市商业银行分散于各市州，存在规模偏小、管理水平不高、抗风险能力较弱等问题。其中，攀枝花市商业银行和凉山州商业银行合计不良资产高峰期达 300 亿元。四川省政府以两家银行为基础新设合并组建四川银行。在引战中，确定四川金控等 28 家省内优质企业作为战略投资者，募足 300 亿元注册资本和 81 亿元溢价资金，顺利完成资本补充。在处置不良资产中，综合采用司法、经济手段全力清收不良资产，创新采用"老股东权益冲销一部分、新股东溢价消化一部分、注册地承接一部分"三种模式，有效化解不良资产风险，最大程度降低重组成本。2020 年 11 月 7 日，四川银行正式挂牌开业，当年即实现赢利。2022 年末，四川银行资产总额 2472 亿元，实现较重组时点翻番，主要监管指标稳中向好。又如，乐山农村商业银行在 2021 年由四家农信行社合并新设组建基础上，2022 年当地政府溢价增资扩股，吸收合并犍为农村商业银行等 7 家农信机构，实现全口径风险有效出清，从根本上改变了乐山农信"小、散、弱"的局面。从全国看，除引入多类股东补充资本外，2020—2022 年，监管部门会同财政部门，三年累计支持 20 个省区发行 5500 亿元地方政府专项债，补充 600 余家中小银行资本，有力支持中小银行改革重组。

（3）本地好银行救助高风险银行方式。例如，四川眉山农村商业银行在地方政府引导下，发挥城区农村商业银行牵头引领作用。早在2011年，就溢价入股江油农信联社和盐亭农信联社，2020年以来又溢价入股仁寿农村商业银行和洪雅农信联社，帮扶四家行社夯实资本，化解包袱，实现"脱困摘帽"。又如，广东顺德农村商业银行响应地方政府号召，积极参与广东省农信机构帮扶化险工作。顺德农村商业银行先后参与揭东农村商业银行等7家省内高风险农信机构改革化险，已投资及未来固定注资金额近120亿元，通过财务"注资"，使被帮扶机构成功"摘帽"，各项风险指标达到监管要求；通过选派优秀干部和骨干任职、优化管理架构和资源配置、推进系统功能改造等方式，为被帮扶机构提供管理、业务和人才支持，推动被帮扶机构转换经营机制，实现长远可持续发展。

（三）高风险银行处置的原则和难点

1. 风险处置的原则

一是加强党中央对金融工作的集中统一领导，坚持金融工作的政治性、人民性。2023年3月，中共中央、国务院印发《党和国家机构改革方案》，提出组建中央金融委员会和中央金融工作委员会。中央金融委员会负责金融稳定和发展的顶层设计、统筹协调、整体推进、督促落实，研究审议金融领域重大政策、重大问题。中小银行风险处置要在中央金融委和中央金融工委领导和统筹协调下进行，要注重维护社会稳定和人民利益。

二是坚持市场化法治化原则。《中华人民共和国金融稳定法（草案）》明确，按照市场化、法治化原则协同高效化解和处置金融风险，公平保护各方合法权益。2020年，时任中国人民银行行长易纲在《金融助力全面建成小康社会》中提出，出现重大金融风险后，问题机构的股东必须首先承担损失，股东权益清零后依然存在缺口的，由相关大债权人依法分摊。对于严重资不抵债的机构，坚决依法实施市场退出，严肃市场纪律。

三是统筹防范重大金融风险和道德风险。中央有关部门及地方政府如实施救助，需要明确救助规则和惩戒措施，避免中央和地方之间、政府和市场之间可能存在的道德风险，增强市场的可预见性。同时，避免因救助不及时、不得当引发区域性、系统性风险。

四是风险最小化和成本最小化原则。对中小银行的风险处置应尽可能早预警、早发现、早处置，避免风险进一步扩散，降低处置成本、减少处置损失。在救助中要贯彻先自救后他救、先市场救助后政府救助的原则，着重压实金融机构主体责任，发挥市场自身化解风险的作用，降低公共资金使用成本。

五是坚持存量风险化解和增量风险防控结合原则。中小银行风险化解既要"治标"，又要"治本"。要从中小银行风险的体制机制成因入手，着力解决深层次问题，防止风险"前清后冒"。

2. 风险处置的难点

（1）存量风险底数不易准确掌握。宏观层面，中小银行风险处置涉及地方政府专项债、存款保险基金、金融稳定保障基金等宏观政策和公共资金的使用，摸清风险底数关系到宏观政策和公共资金的空间测算。微观层面，高风险银行不同的风险情况决定其适用不同的处置方式。如果机构已经严重资不抵债，那就要考虑如何退出的问题，若仍然对其进行救助，可能会造成处置资源浪费。中小银行由于公司治理不规范、透明度低，真实风险容易被掩盖，导致数据失真。当银行出现问题后，机构及其股东等相关利益主体往往倾向于"捂盖子"，有的地方政府等风险处置主体存在博弈心态，不愿充分揭示风险。此外，银行资产质量本身在动态变化，风险的识别、计量、评估与管控专业性强，这些都加大了摸清风险底数从而制订更优处置策略和方案的难度。

（2）风险处置资源有待充实。风险处置资源包括资金、机构和政策。处置高风险机构不仅耗用资金量大，而且具有高度综合性和专业性，风险判断、策略选择、方案设计和具体实施都会影响到处置成本和最终效果，因此需要专业的实施机构。从国际经验看，存款保险在金融机构风险处置的具体实施包括损失分担中发挥了重要作用。美国联邦存款保险公司成立于1933年，日本存款保险公司成立于1971年，均经过多年发展，处置过大量问题机构。我国历史上银行倒闭事件较少，包商银行是第一家破产的商业银行。2015年，我国建立存款保险制度，2019年成立存款保险公司，成立后在包商银行、锦州银行等风险处置中发挥了重要作用。《中华人民共和国金融稳定法（草案）》明确存款保险基金管理机构发挥市场化、法治化处置平台作用，依法履行促成收购承接、出资等风险处置职责。但相对目前紧迫的风险处置需求，我国存款保险的体制机制还在完善中，经验和资金都需要积累。2020年存款保险基金收支情况显示，当年共归集保费423.88亿元，而开展包商银行风险处置就使用了676亿元，还为1024亿元金融稳定再贷款提供担保。2022年，我国设立金融稳定保障基金，首批646亿元资金已筹集到位，但是作为备用资金，并不能轻易使用。此外，在政策方面，处置高风险机构涉及的不良资产处置、税收等政策仍有待完善。

（3）处置各方需进一步明确责任分工并加强协调。高风险中小银行处置中，金融机构自身、金融监管总局、中国人民银行及存款保险公司、地方政府等主体均承担相应责任。从实践操作看，有的是中央有关部门牵头，有的是地方政府为主。各方的责任边界和分工需要进一步明确。其中损失分担是重要环节，涉及市场出清、行业内部分担、地方政府分担、中央有关部门分担等多种方式，需要建立明晰和统一的规则。相关规则制定在参考国际经验基础上，还需要考虑我国国情，因地制宜。例如，从区域维度看，我国高风险银行集中在少数经济欠发达地区，地方政府掌握的资源有限，往往还面临地方债务等风险化解任务，处置资源稀缺、协调难度大，而中小银行风险释放和当地经济发展情况、金融改革进展相关，风险容易在区域内传染并集中暴露。在细化处置规则基础上，需要进一步加强各方协调，发挥合力。

（4）风险处置的行政色彩较重，市场作用发挥不充分。

2021年4月，国务院金融委会议提出高度重视部分地方金融机构风险暴露情况，鼓励好机构兼并风险机构，促进地区金融供需结构平衡。从目前的中小银行处置案例看，地方政府牵头处置、采用合并重组方式的案例较多，在引入战略投资人时较多选择地方国企入股，而跨区域的银行并购案例较少。以中央有关部门（存款保险公司）为主处置的，存在银行股权管理和退出的困难。这种情况一方面可能由于在不良资产定价、股权定价等方面存在非市场化因素，例如，存在待解决的历史遗留问题，如不良资产未充分消化，或是对中小银行股权定价较高，对市场投资者吸引力不足。另一方面，银行对股东资格要求较高，当前阶段市场机构对投资入股银行的积极性不高，而有意愿扩大经营地域的优质中小银行在跨区域并购方面还存在一些政策障碍。此外，目前地方政府主导的中小银行风险处置主要是财务重组，对中小银行市场化经营机制长期赋能等方面涉及较少。在房地产风险正在释放、地方债务风险隐而待发的情况下，一些地方存在将属地中小银行作为区域经济发展和风险化解工具的倾向，后续存在财政风险和金融风险相互转嫁的隐患，有可能使中小银行陷入救助式改革—风险缓和—经营再次恶化—需要再次化险的负向循环。

（四）政策建议

为更有效处置中小银行风险，建议把握好政府和市场、中央和地方、短期和长期三重关系，一体推进中小银行改革化险，推动中小银行实现高质量发展。

1. 处置策略

（1）政府和市场的关系。中小银行风险处置是金融要素资源的重新配置，需要进一步发挥市场在资源配置中的决定性作用。一是完善市场化处置机制。在中小银行风险处置中，统筹资金、机构等各类资源，提高处置专业化水平，合理引导市场预期，有效阻断风险传染，防范次生风险。在此前提下，探索完善高风险中小银行的多种市场化退出方式，减少公共资金使用。鼓励采用并购重组方式处置高风险银行风险，但对不具有兼并重组价值的机构要加大市场出清力度。二是提升市场救助能力，从政府救助转向市场救助。培育发展问题机构并购重组市场和不良资产市场，加快中小银行不良资产的市场化处置。三是区分中小银行的风险处置和后续经营。政府在处置包括损失分担中承担相应责任，而将经营更多交给市场，避免小银行改革重组后成为地方政府的"钱袋子"及扭曲区域金融市场。

（2）中央和地方的关系。中小银行风险处置涉及中央政府和地方政府之间的权责平衡。一是客观考虑地方政府风险处置责任与风险处置能力的匹配问题。对于地方经济发展水平、地方财政能力不足以化解所在区域中小银行风险的，中央应考虑在对地方政府设立一定约束条件下承担更多救助责任。在优先使用地方政府提供合格抵押品的基础上给予再贷款，还可以通过地方政府专项债、财政借款、转移支付等财政资金支持。存款保险基金、金融稳定基金根据规则承担部分损失。二是逐步从"一行一策""一事一议"过渡到分类明确规则和资金使用条件，防范道德风险和"摆烂"行为。

（3）短期和长期的关系。中小银行风险处置既是短期的急迫任务，也是中长期、系统性的工程，需要兼顾短期和中长期目标。一是要抓住当前低利率窗口期，积极稳妥推进中小银行风险处置，把握好节奏和力度。二是在处置方案中，有的设立共管基金，通过老股东在新银行股权分红及增值、地方政府税收返还等未来收益弥补历史损失。要考虑我国经济进入中高速增长阶段、房地产价格快速上涨阶段已经过去的实际情况，合理设置长期负担比例。三是要一体推进中小银行化险和改革，引导优质金融资本和产业资本参与中小银行并购重组和长期经营，形成中央政府、地方政府和市场之间的正向激励约束机制，使中小银行的风险处置真正成为可持续发展的新起点。四是结合商业银行监管改革，在中小银行风险处置中重新考量区域银行机构的格局、数量和功能定位，完善多层次、广覆盖、差异化的金融体系。

2. 政策建议

一是完善金融机构市场化退出机制。在中小银行风险处置中有序打破各类刚性兑付，逐步让股东、债权人等市场参与者按照风险自担原则承担风险。对于严重资不抵债且区域金融供给充足的高风险银行要推动破产重整或破产清算。在总结实践经验基础上，修订完善涉及金融机构退出的相关法律制度，包括商业银行法、银行业监督管理法、企业破产法、金融机构撤销条例等，制定金融机构破产法，或在破产法中就金融机构破产设专门章节。

二是更好发挥市场机构、专业机构作用。加强存款保险与资产管理公司等市场机构在中小银行风险处置中的合作，发挥资产管理公司在不良资产处置、重组顾问、托管清算等方面的经验和专业优势。适度优化监管政策以鼓励市场救助，如允许达到一定条件的优质城市商业银行跨地域并购重组高风险银行，实现经营地域范围拓展，支持实力强的非银行金融机构和非金融大型企业参与高风险中小银行并购重组或破产重整。

三是从治已病到治未病，推动风险早期化解。加强金融监管，进一步完善中小银行公司治理，优化股权结构，重检发展战略，重塑经营模式。充分发挥中国人民银行、金融监管总局、存款保险的风险监测和早期纠正功能。压实地方政府及有关方面责任，使其主动作为，引导风险早化解、早处置。推动中小银行做实资产风险分类，通过市场化方式处置不良资产，避免风险累积。

四是加强中小银行在内各类风险化解的顶层设计。要高度重视中小银行风险与房地产风险和地方债务风险的密切联系。有必要统筹考虑地方债务、中小银行、房地产风险化解，加强财政政策、货币政策、金融监管政策、房地产政策的协调，统筹各类风险处置资源，在推动经济增长方式转换过程中分阶段、分步骤系统处置中小银行在内的各类潜在风险。

二、公司治理

我国中小银行是践行普惠金融，服务民营、小微企业与"三农"的重要力量，但由于公司治理机制不完善和执行效果不佳，近年来部分中小银行经营面临困境，不良资产不断累加。

公司治理是利益相关者为了解决利益不一致问题而通过机制化手段控制风险、形成合力的方式。银行由于其资本结构、业务复杂性和经营风险负外部性，公司治理机制要较普通工商企业复杂很多。而中小银行较大行而言面临的限制更多，其公司治理更为复杂：一是中小银行资源禀赋与其公司治理需要达到的水平之间存在匹配困难；二是中小银行的委托代理关系更为复杂；三是中小银行经营的脆弱性更突出。

虽然近年来，在监管部门的引导下，中小银行大多构建了完整的"三会一层"式的公司治理架构，但形似的架构并未起到最初政策设计的预期效果。在中小银行经营压力逐渐增大、金融风险进一步暴露的情况下，研究如何完善中小银行公司治理机制，使其能发挥合意的效果，显得尤为必要。

（一）经营环境变化加剧了健全完善中小银行治理机制的紧迫性

随着经济下行压力加大、行业区域分化加剧，中小银行所处的竞争环境更为激烈。总体而言，当前我国中小银行面临着如下三方面较为突出的挑战，这些挑战都加剧了健全完善中小银行治理机制的必要性和紧迫性。

1. 经济下行压力加大，利率市场化进程加速推进

进入新发展阶段，国际国内形势复杂严峻，部分地区经济增速持续放缓与城投债务风险交织，中小微企业经营难度加大，中小银行的风险管控难度提高。此外，"十四五"期间利率市场化改革持续深入推进，商业银行的净息差面临收窄压力，中小银行公司治理机制在应对经济下行与供给侧结构性改革的背景下将发挥重要基础性作用。

2. 金融竞争加剧，中小银行传统生存空间受到挤压，发展空间受限

近年来，我国金融领域竞争明显加剧。一方面，大中型银行利用人员、资金、科技、风控等优势实施主体下沉策略，导

致中小银行的存量客户管理和增量客户获取难度加大。另一方面，监管缺位下类金融机构超范围经营、民间金融机构直接或变相开展金融业务，部分金融机构跨界开展金融业务，使得中小银行面临的市场环境和竞争格局趋于复杂。

3. 中小银行经营管理质效有待提升

一方面，长期以来，较大一部分中小银行金融产品服务缺乏特色，主要靠利差和资产扩张驱动利润增长，大力发展同业投资、理财等业务，一味做大资产规模。随着去杠杆、监管趋严，同业业务刚性兑付被打破，中小银行利润空间越来越小，发展进入困境。另一方面，数字化转型增强了大型银行的下沉动力，中小银行线上渠道获客及响应客户需求能力较为薄弱，面临存量客户流失的挑战，行业竞争中弱势地位加深。

（二）当前我国中小银行公司治理中存在的四方面问题

1. 股权股东层面：股东资质不佳影响行为规范，股权结构失衡造成内部制衡失效

股东对中小银行形成良好公司治理机制至关重要。股东动

机是否符合银行长期收益，股东能力能否制衡"三会一层"、地方政府，股东资金实力能否支撑银行正常经营和扩张，是中小银行平稳健康发展的关键。目前来看，中小银行在股权股东方面存在以下问题。

一是地方政府作为股东的规范体系不够健全。地方政府对部分中小银行具有很强的控制力，关联背景下的中小银行可以"合法"地形成巨额不良资产而不承担任何法律责任等，如辽宁等部分地区农村信用社系统出现大面积不良资产，严重影响了地区金融生态。

二是地方国有企业作为股东在公司治理中面临矛盾。地方国企成为银行股东后，银行与其之间的存贷款业务将变成关联交易而受到额外限制。目前在各地中小银行化解风险、补充资本金的过程中，这一问题变得尤为突出，一些地区的问题银行在风险短暂得到化解后，资产补充将面临巨大压力。

三是一些民营企业控股银行的行为不规范，公司治理机制对股东行为约束不足。一些民企持股银行的信息透明度较低，通过代持等方式有可能暗中形成对银行的控股。一旦出现资金紧张，民企大股东容易通过关联交易占用银行资金，危及银行经营稳健性，如包商银行、成都农村商业银行暴露的民营资本控股银行的各类违法违规行为。

股权结构方面，两类问题比较常见。一是股权过度分散，小股东履职能力和履职意愿严重不足，导致事实上的内部人控制，如锦州银行股权结构稀释下最终形成巨额损失。二是股权过度集中，使得股东间制衡失效，形成大股东控制，危及储户资金安全和金融体系稳定，如"明天系"控股包商银行并违规占用1500亿资金而形成坏账，严重腐蚀该行利润和资产质量。

2. 经营管理层层面："三会一层"职权边界不清晰，职能发挥不足

虽然目前我国中小银行基本建立起了"三会一层"的公司治理架构，但董事会、监事会、高级管理层职责边界不清晰，履职行为不规范，缺乏相互制衡的机制。

（1）董事会的专业性、包容性、可持续性有待加强

一是董事会的结构不尽合理。既有部分中小银行的经营层在董事会中占据主导地位，又存在董事会被董事长架空、董事会虚设的情况。同时，较多中小银行董事会与高级管理层之间的职责划分存在交叉，董事会丧失了对经营管理层的有效监督。

二是董事会职能发挥不足。部分股权董事不懂商业银行业务，盲目的速度情结和规模信仰造成不审慎经营。董事会的战略决策能力较弱，下属的各类专业委员会部分流于形式，监督缺位造成巨额损失，如包商银行案例。

（2）独立董事履职能力和履职意愿不足，难以有效发挥作用

我国中小银行基本上都已引入了独立董事制度，但在制度建设方面仍然存在有效性不足的问题。一是独立董事大多身兼数职，可能会造成精力分散；二是大部分独立董事来自高等院校或研究机构，缺乏精力或中小银行从业经验，难以有效参与经营决策与风险管理；三是独立董事多由董事会、监事会聘用，很少对董事会的决议发表独立意见，无法对管理层形成有效监督。

（3）部分中小银行监事会有架无势，未能有效履行制衡职能

近年来，部分中小银行出现各类违法行为，但国内尚未出现由监事会发起处理的案件，甚至个别中小银行的监事会是违规违法行为的默许者或支持者。一方面，多数中小银行的监事会管理面临人员和经费不足的问题，且监事长权威性不足。另一方面，中小银行的监事长、监事办人员的薪资与经营业绩高度相关，监事会的独立性无法体现。

（4）董事长作为关键"一把手"，在中小银行治理中的重要作用尚未引起足够重视

需要强调的是，不同于西方发达经济体，我国中小银行董事长的影响力贯穿了"三会一层"。首先，我国董事长普遍直接参与公司经营决策，是实际上的"一把手"，集中了董事会和高管层的大量职权。其次，中小银行董事长的任命通常经过地方党委或组织部门，随后会经过股东大会按照完整的公司治理程序确认，进一步加强了董事长的权威，构成了内部人控制。最后，由于我国监事会并不具备德国监事会在公司治理中的角色，监事长和独立董事很大程度上也是对董事长负责。因此，董事长管理是改善中小银行公司治理的关键。

（5）部分中小银行高管团队专业性有待提升，人力资源体系存在短板

调研显示，中小银行的高管团队主要以社会招聘为主，擅长前台业务拓展但缺乏中后台的管理经验，不重视管理团队建设。特别是中小银行的内部管理普遍较为薄弱，缺少对业务拓展和风险管理的战略规划，内部评价机制不科学，绩效考核重业绩而轻风险，容易忽视关键岗位重要人员的职业发展。

3. 激励约束机制层面：激励机制不够完善，内外部约束不足

目前，有相当数量的中小银行尚未建立科学的激励约束机制，核心人员未能按照市场机制有序流动和有效配置。同时，高级管理层的薪酬安排往往与短期经营业绩相关，忽视可持续发展，这势必导致机会主义行为，加大中小银行的风险敞口。

（1）管理层选聘不够市场化，缺乏有效的考核激励体系

从已有经验教训来看，打造有情怀、懂专业、熟悉当地市场、稳定的高管团队是中小银行高质量发展的关键。当前，不少中小银行在人员选聘和绩效考核方面的行政化色彩还比较浓厚，多数中小银行的管理层依然采取地方政府行政任命方式，省联社仍实际主导农村商业银行（农村信用社）董事、监事、高管的提名任免，中小银行也没有建立薪酬延期支付机制和损失问责机制，缺乏有效的考核激励体系。

（2）二元体制导致同工不同酬，身份差异导致企业内部平衡难

据了解，薪酬问题是引起当前部分中小银行员工离职的最主要原因，较低的市场化水平导致中小银行对优秀人才的吸引力不足。从内外二元体制看，身份差异化的制度安排不利于内部员工积极性的提高。一是内部转换通道不通畅，内部人员转化职业经理人的通道被禁止；二是两套体系不利于激发员工

积极性，从外部引进的人员薪酬标准高，内部员工产生心理落差，影响了员工成长内驱力的提升。

（3）员工持股计划流于形式，职工股减持较难克服政策障碍

目前中小银行员工持股的机制设计不够完善。有部分非上市银行开展员工持股计划，但持股量很小，很难起到激励作用；也有部分持股计划一直没有分红，而且员工离职多年后仍然无法退出。

此外，中小银行的单一职工持股数量超标，面临公允价格难以确定和股权代持的事实，将埋下新的违规隐患。一是员工减持耗时较长，难以满足短期补充资本金的需求；二是中小银行回购内部职工股的配套政策尚不明确，且与资本补充初衷相悖，容易引发市场的负面舆情；三是对于已在新三板挂牌的农村商业银行，回购职工股需证监会和全国股转公司审批，面临较大不确定性。

（4）信息披露机制建设有待加强，外部约束普遍缺失

从目前来看，我国中小银行信息披露不充分、透明度不高的问题比较突出，来自外部（例如中介机构）的监督和约束也较少，中小银行的公司治理效能较差。一是信息披露不够全面，未按照相关规定充分、有效披露涉及银行经营的重大事

项；二是信息披露不够及时，一些中小银行存在延期披露甚至不披露的问题；三是存在虚假信息披露情况，这导致中小银行利益相关方难以了解其实际经营情况及潜在的风险，不能及时识别关联交易。

4. 地方政府与中小银行关系衍生的治理机制问题

中小银行与地方政府的关系是我国中小银行公司治理实践中的特色问题。我国中小银行主要包括两类——城市商业银行与广义的农信机构（包括农村商业银行、农村合作银行和农村信用社）。这两类中小银行在最初设立、风险处置与日常经营中都与地方政府有密切的关系。

在目前实践中，地方政府或多或少掌握着地方中小银行公司治理的主导权，这产生了两方面影响：一方面，双方存在互惠互利；另一方面，地方政府对中小银行公司治理的参与，带来了中小银行委托代理关系的复杂化，让中小银行经营管理的目标变得多元。同时，地方政府插手任命银行董事长、高管层的做法，加强了中小银行经营的行政化特征，降低了其他相关利益主体制衡董事长等内部人的可能性。

地方政府对于中小银行经营的过度干预不利于其治理能力

的持续提升和业绩的长期改善。一方面,地方政府的行政目标与中小银行市场化经营的目标往往不一致,地方政府如果以股东和地方经济金融宏观管理者双重角色介入中小银行发展,将影响中小银行的稳健经营。其次,地方政府插手中小银行股东遴选及"董、监、高"的推荐、选拔、考核等过程,极大增强了董事长的权威性,弱化了良好公司治理中各利益主体平衡的基础。

(三)中小银行公司治理应坚持的主要目标与基本原则

1. 中小银行公司治理的目标

中小银行公司治理首先要解决的是对股东和管理层的监督问题,即防范内部人控制和大股东掏空银行的风险。其次,公司治理也是重要的促进合作的手段。好的中小银行公司治理应该能够促进利益相关方形成合力,促进银行的平稳健康发展。

需要说明的是,不能简单将中小银行目前面临的经营困境与公司治理直接挂钩。在我国"多层次、广覆盖、有差异"的银行体系中,中小银行被定位为对国有大型商业银行、全国性股份制商业银行等大型银行的补充,主要应该发挥支持地方经济、支持"三农"和小微企业的重要作用,定位本身就决定了其相对较高的经营风险。此外,中小银行经营通常具有区域性特征,分散风险的能力不强,并非仅靠完善公司治理就能解决。

2. 中小银行公司治理的基本原则

总体来看,立足我国现实国情,要实现中小银行良好的公司治理,应遵循如下一些基本原则。

一是坚持党的领导。党的领导是中小银行公司治理机制发挥作用的根本保证,应该进一步完善党的领导与公司治理的融合,更好发挥党组织"把方向、管大事、促落实"的作用。

二是坚决整治关联交易和大额授信。在内部管理上,着重防范股东操纵的不当关联交易和内部人操纵的不当关联交易,严格管控大额风险暴露,防范重大风险。

三是简洁高效。大部分中小银行规模较小,经营区域也有限制。中小银行的公司治理应该更注重实效,以管控经营风险为核心,在组织架构上可以适当根据实际情况进行优化。

四是分类施策。中小银行之间的差异也相对较大。在简洁高效的前提下,也要注意不同类型中小银行的差异,分别构建适宜的治理机制，让公司治理机制与其业务复杂度相匹配。

五是加强监管。良好的外部监管对形成良好的公司治理至关重要。监管提出的合规底线与对银行风险的检查和控制，能够有力促进银行公司治理在合适的框架内进行。此外，监管部门对股东入股行为的审查和入股后对股东的持续监管也能有效提升中小银行的股东资质。

（四）政策建议

新发展格局下，中小银行应进一步回归本源、专注主业，充分发挥本地化和灵活性的优势，坚持本地化经营导向，从错位竞争中获得更大的发展机遇，提升金融服务的适配性，塑造独特的品牌价值。

1. 强化股东资质和行为监管，优化股权结构

一是加强对股东资质的要求和监管，增强股权透明度。在股东入股银行时，应该对股东资料进行严格审查，把好准入关。后续也要充分利用科技手段，持续监管股东资质与真实股权结构。

二是强化对股东行为监管，引导股东形成合理的投资预期，严格控制关联交易。规范股权质押、股份转让等行为，防止控股股东不当干预机构经营。借鉴上市公司治理经验，加强对中小银行实际控制人的监管。实际控制人能够通过对金融机构的控制权谋取个人私利，且具有很强的隐蔽性，可以借鉴上市公司治理的准则要求，对中小银行披露、上报实际控制人信息提出要求，并对实际控制人进行持续监管。

三是探索多元化资本补充渠道。引导中小银行提高内源资本补充能力，鼓励将更多的利润转增资本；适时调整中小银行IPO与再融资规定，鼓励银行发行二级资本债、永续债，适当增加地方政府中小银行专项债，支持补充中小银行资本。

四是推动中小银行兼并重组。鼓励一些优质银行对经营业绩差的中小银行进行并购，通过引入战略投资者、混合所有制改革，在补充资本的同时引入先进的管理理念及经营机制，从而改善中小银行经营现状。

2. 夯实"三会一层"履职监督能力，形成有效制衡、协调运作的公司治理架构

坚持党的领导是实现我国中小银行良好公司治理的必要保

障，应巩固党委在公司治理中的核心地位。在此基础上，要进一步明确"三会一层"的职责边界，加强"三会一层"之间的交流与沟通。同时，重视对"一把手"董事长的管理，形成良好公司治理的基本盘。

一是按照"双向进入，交叉任职"的要求，让党委委员通过法定程序进入董事会和管理层，发挥党委在中小银行中的领导作用。

二是大力提升董事会的履职能力，改进董事提名制度，明确公司法和股东大会对董事会的授权范围，强化董事个人履职能力和董事会整体功能。

三是加强监事会制度建设，强化监事会履职的专业性、及时性和权威性。一方面，优化监事会的选聘流程，完善监事会办公室的专业人员配备。另一方面，建议相关法律法规进一步明确监事会的职能，有效行使对董事会和高级管理层的监督。

四是高级管理层切实贯彻落实董事会决策，强化对信贷资产投放、分红方案等进行定期报告、评估。在具体执行层面，明确划分管理层的权责边界，建立健全重大事项报告、报备和外部监督机制等。

五是按照组织原则，加强对一把手的管理。通过监管部门、纪委监委、金融审计等加强对中小银行董事长的思想教育、专业培训和监督管理，增强其履职能力，保证中小银行经营的大局稳定，形成良性公司治理的基本盘。

3. 完善激励和约束机制，加强专业化人才队伍建设

一是改革不合理的薪酬和考评体系，建立长期激励和风险相关的薪酬激励制度。建议增强薪酬支付对风险期望分布的敏感度，通过调控高管激励降低银行系统性风险。

二是加强外部监督的约束作用。建议充分发挥市场、中介机构和各利益相关者的监督作用，通过完善信息披露、外部审计等，形成良性互动的外部监督机制。

4. 基于责权利对等的原则，理顺地方政府与中小银行的关系

一是地方政府作为中小金融机构股东时在享受股东权利与承担股东义务方面应与其他股东一视同仁。

二是明确地方政府不能超越股权干预银行经营。地方政府应尊重辖区内中小银行日常经营管理的独立性，中小银行对地方经济的支持应该由相应的法规来规范，由其基于商业考虑做出具体决策。

三是通过法规明确地方政府处置金融风险的权利与责任。应当考虑以法律法规的形式，明晰地方政府获得必要信息、介入金融风险处置、使用公共资金及其他政策工具的具体条件，使其能获得与自身承担的责任相匹配的资源，同时避免地方无限制地承担责任。

四是正确处理地方省联社与农村信用社、农村商业银行之间的关系。农村信用社作为一类特殊的地方中小金融机构，目前面临的问题主要是如何进一步改革发展，而非仅仅是公司治理问题。省联社作为历史上处理农村信用社问题的特殊机构，其职能需要进一步明确，联社与已经完成现代化公司治理改造的农村商业银行之间的关系也需要进一步明确。

三、数字化转型

随着互联网的普及应用以及数字技术的深入发展，金融科技赋能银行业务进行数字化、智慧化转型成为银行业未来发展趋势。在数字化转型浪潮中，国有大行凭借资金优势、人才优势、制度优势等，持续加大金融科技投入，采取"下沉策略"，转型效果显著。由于经济下行压力叠加大行下沉策略冲击等因素，中小银行所处市场环境趋于恶化。新形势下，立足自身优势与业务实践，采取差异化竞争策略，通过数字化转型赋能传统业务、拓展新型业务，或成为中小银行破局之法。

（一）中小银行数字化转型的必要性

一是宏观经济环境与外部市场环境的压力。经济新常态下，国有、全国性股份制等大中型银行持续挤压中小型区域银行的市场空间，且监管政策持续收紧，银行间产品服务同质化越来越严重，竞争日趋加剧，中小银行业务可持续发展与合规经营面临双重压力。同时，由于我国宏观经济正处于"增速换挡"的 L 形触底期且叠加疫情的疤痕效应，银行传统业务发展增速放缓，面临着利润收缩、净息差收窄、资产质量恶化、不良贷款率普遍走高等问题。应对这样的挑战，只有通过数字化技术推进信创建设，不断推出符合多元化服务需求的产品，长期降低管理成本，中小银行才能从竞争日益激烈的市场中崭露头角。

二是客户群体支付习惯和结构变化。移动互联网的普及和移动支付的高速发展，很大程度上改变了用户的支付习惯。

2021年银行机构退出列表中，共有2805个银行网点停止营业，较上一年减少889个，部分网点以开展线上业务来降低成本和适应用户新需求，逐渐从物理网点转为"数字化网点"而非消失。在三四线城市以及农村地区，以90后和00后为主的新生代成为主流消费群体，他们更倾向于数字化、网络化、智能化的产品服务，并追求定制化和个性化的服务体验。面对客户消费习惯和群体结构的变化，中小银行需主动开辟网上银行、手机银行等数字化渠道办理入口，提供多元化的服务来吸引用户。

三是国家在政策层面对数字化建设提出要求与指导。国务院印发的《"十四五"数字经济发展规划》中提出，数字经济是"继农业经济、工业经济之后的主要经济形态"。以数据、网络、应用为手段推动全要素数字化是发展数字经济的方向之一，而银行业数字化转型则是金融高质量发展的战略要求，也是"数字经济"的重中之重。同时原银保监会印发的《关于银行业保险业数字化转型的指导意见》和央行印发的《金融科技发展规划（2022—2025年）》都对金融机构数字化经营管理提出指导意见和工作目标。

四是金融服务辐射范围扩大，客户需求呈碎片化、个性化趋势，需要信息科技支撑。在竞争压力的驱动及普惠金融政策的要求下，金融服务逐步辐射更大规模的长尾客群。面对更庞大客群的个性化、碎片化需求，大数据、人工智能等科技将强有力地支持获客、留客、活客、业务处理、分析决策等业务流程。这将支撑银行在渠道产品创新、客户体验、企业银行、数字信任、效率提升等方面的优化迭代与创新。

五是经营地域受限，难享跨区红利，需数字化转型带来突破。监管部门对城市商业银行和农村商业银行的定位是服务本地和支持"三农"。2018年，中央经济工作会议上指出"推动城商行、农商行、农信社业务逐步回归本源"。2019年初，原银保监会发布《关于推进农村商业银行坚守定位强化治理提升金融服务能力的意见》也指出，"原则上机构不出县（区）、业务不跨县（区）"。这一系列监管导向决定了区域性银行的经营局限性，农村商业银行借助传统经营模式难以享受跨区经营的红利，客群范围、资产规模、渠道建设均需要借助数字化转型带来突破。

六是银行精细化、标准化建设日趋重要，数字化管理势在必行。随着市场竞争的加剧以及存量市场的到来，银行经营规模逐渐扩大，精细化经营的要求日益提高，标准化建设、专业能力的建设更加重要,以往的经验主义的主观经营模式不再能满足新形势下的发展要求。因此,中小银行亟须通过数字化手段加强金融标准化建设,同步推进金融科技标准建设,系统完善金融数据要素标准;通过标准的不断优化迭代,适应新形势下集约化和规模化的生产方式,建立细分目标、标准、任务、流程,打造数字驱动赋能下计划、决策、控制、考核的科学管理模式,最终实现长期降本增效的目的。数字化管理是对传统经营模式的重塑升级,是长期耕耘的过程,难以一蹴而就,但势在必行。

(二)中小银行数字化现状

从战略、组织、技术、产品生态、数据治理维度出发,结合"静态架构"和"动态运营"标准,按照数字化转型进程可将中小银行分为三类:头部、中部、尾部机构。

目前,头部机构正处于全维度整体推进、"静态架构"和"动态运营"有机结合的过程;中部机构信息化基础稳固,"静态架构"较为完善,正在向数字化和"动态运营"转型;尾部机构信息技术整体较为落后,数字化转型道阻且长。

1. 头部机构正在全方面探索推进

头部机构以东部沿海、华北、中部等经济发达地区的中小型银行为代表。它们在数字化转型的战略、组织、技术、产品生态、数据治理等方面探索较早，拥有成熟的实践经验。这部分机构通过制定战略规划，改造和运维技术系统，推进科技和技术两个部门的联动，实现数字化"静态架构"和"动态运营"的结合。

具体来说，从战略层面，头部机构对于开展数字化转型工作有较清晰的认知，并能自主制订和实行符合自身业务需求的数字化转型方案；从组织层面，搭建适合数字化的功能型平台，并组建专门针对数字化应用的管理团队；从技术层面，现有的技术和系统架构已基本完成升级改造，拥有成熟的技术开发平台和工具，搭建了自主可控的云架构；在产品和生态方面，重视业务渠道建设与普惠金融生态构建，掌握并重视用户数据挖掘价值、注重产品创新；在数据治理方面，拥有成熟的数据获取渠道，积累了海量数据，通过建立相应的数据管理分析系统，形成了标准统一的结构化和非结构化的数据收集、清洗、使用流程，制定了全面、成熟的数据管理机制。

2. 中部梯队从信息化向数字化迈进

中部梯队所在地区的经济实力整体以追赶经济发达地区为目标，这部分中小银行在战略、技术、产品和生态、数据治理等数字化转型层面积极以头部梯队数字化转型为标杆。通常这部分银行的数字化"静态架构"都搭建得较为完善，但是组织架构、数据治理、科技能力等层面存在欠缺，尚未实现成熟的"动态运营"。

3. 尾部梯队尚处于信息化初期阶段

尾部梯队多为位置偏僻、经济发展相对落后地区的中小银行。由于受区域经济、资源禀赋、地理环境等综合因素影响，它们的信息化程度尚处于落后状态，且数字化转型起步时间也较晚，正处在"静态架构"的搭建与完善阶段。

（三）中小银行数字化面临的机遇与挑战

目前我国银行业数字化转型已进入新阶段，中小银行数字化建设机遇与挑战并存。相较于国有大行，中小银行普遍存在科技建设发力晚，可用资源有限，转型思路不清晰，科技人才储备较少，数据治理与应用水平有待提高等问题，在数字化转型过程中面临较大挑战。与此同时，中小银行深耕当地市场，多与地方政府、中小企业关系密切，在服务长尾客户金融服务需求方面具有差异化竞争优势。

1. 中小银行数字化转型存在的机遇

第一，区域化、特色化、生态化线下网点建设。随着银行数字化、智慧化转型的推进，线下网点呈现整体减少态势，其中以国有大行的线下网点数量减少最多。银行网点收缩是数智化转型的必然结果，但是线下网点的功能并不能完全被取代。从当地居民的切身需求出发，发挥本地化业务优势，与本地的社保、医疗等场景深度结合，打造区域化、特色化、生态化线下网点，推出灵活、有针对性的产品与服务，拓展银发客群存贷、理财业务，将是中小行面临的重要机遇。

第二，中小银行多与政府关系密切。我国中小银行在最初设立、风险处置与日常经营中都与地方政府有密切的关系，双方存在互惠互利的历史渊源和实践基础。中小银行可深耕当地的资源优势，围绕区域内市场特色，携手政府机构，聚焦当地产业振兴战略，打造产业综合服务平台，发挥资金清结算枢纽作用，带动其他金融/非金融服务全面发展。

第三，长尾小微客户的金融服务仍存在缺口。尽管国有大型银行积极下沉小微客群，但他们仍聚焦优质客户，并采取担保+贷款模式控制信贷风险，导致很多长尾小微客户尚未被"覆盖"。通过大数据风控体系解决长尾小微企业普遍存在的无报表、无信用评级、无抵押等贷款审核痛点，通过AI机器人等智能信贷服务提升全流程金融服务体验，打造多元化、场景化、敏捷化、特色化生态银行，中小银行可通过差异化竞争在数字化转型浪潮中占据一席之地。

2. 中小银行数字化转型面临的挑战

第一，科技建设发力晚，资源有限，容错空间小。鉴于资本实力有限，中小银行持续、稳定的金融科技投入不足；参与数字化转型的时点靠后，技术水平相对落后，科技研发、创新、试点上资金投入的容错空间较小，战略定力有待提高。

第二，数字化转型思路不明确。中小银行的服务对象主要以"三农"、小微、长尾客户为主，极易受到当地经济环境、产业特色、客户需求等影响，同时存在产品服务同质化严重的问题。网点作为重要的销售载体和服务渠道，基于数字化科技工具实现部分网点的线上化、智能化、轻量化、统一化，打造线下网点的区域化、特色化、生态化，是中小银行推动数字化转型的重要路径。但是如何选择正确的转型思路与方向，在自身特色化有保障的前提下，如何借助数字化技术推进产品和服务的创新，都是有待厘清的问题。

第三，数据治理能力有待提高。区域性中小银行在数据基础建设方面总体仍处于起步阶段。虽然接近一半的区域性银行已经完成数据的归集和平台化建设工作，但仍存在数据质量参差、统计标准差异化难对接、产业数据获取受阻等情况。同时，部分中小银行数据建设进度堪忧，甚至没有组建专业的数据管理团队，缺乏专门的软件平台和数据处理工具，欠缺完善的系统支撑和技术手段，导致用户业务数据质量较差，无法深层挖掘数据价值。此外，部分中小银行的特定业务需外部数据（如社保、税务等）辅助，相应数据的获取存在流程复杂、耗时较长、合规严格等状况。

第四，金融科技人才稀缺，缺乏市场化激励机制。银行业数字化转型需要具备互联网思维、数字化技能、大数据分析能力且拥有金融背景的复合型人才。复合型人才整体培养周期较长，阻碍了中小银行数字化转型的顺利推进。此外，中小银行普遍不具备市场化薪酬体系，对于金融科技人才的吸引力不足，叠加大型银行的"虹吸效应"，招揽金融科技复合型人才困难重重。

第五，体制机制"双层性"的组织挑战。农村信用社的体制机制具有"双层性"的特征，二级法人行社设立的零售、公司等业务部门与省联社中的业务部门存在较大差异，业务对接困难。在数字化转型实操中，不同地区间的行社发展存在差异，业务模式不统一，上级省联社面对不同二级法人行社的具体支撑需求，提供的科技服务与二级法人行社提出的科技需求往往存在不匹配、执行效率低等问题；效果不佳的同时，又需要投入大量资源，缺乏合理的成本分摊方式。

第六，科技和业务条线协同困难。银行数字化转型需要业务、数据、技术层面紧密协同，从而有效释放数据资产价值，提升经营效率。但中小银行传统组织架构普遍面临业务条线分工明确、各条线之间壁垒明显、跨条线合作困难等现状，存在不同部门配合度低、沟通效果不佳、业务合作不足、事项权责不清、任务分工不明、决策链冗长不畅等痛点，难以实现技术与业务的双向驱动。

（四）中小银行数字化转型策略建议

第一，完善顶层设计，将数字化转型定为"一把手"工程，从上到下推动。中小银行领导层对"数字化战略"的重视和理解程度，决定了数字化转型的前瞻性和推进效果。领导层形成的数字化思维很大程度上造就了员工的数字化认知、愿景以及定力，进而影响转型的效果。鉴于数字化转型关系到行内各个层面，与整体发展战略及重大决策紧密关联，领导层应首先从自身出发，全面贯彻数字化的理念，尝试用数字化思维进行机制体系构建，大力推进数字文化氛围建设，完善市场化激励机制，坚定保持"数字化战略"定力。具体可以从固化机制和开展活动等方面入手，如构建相应的数字化文化标准与文化机制，配套相应的审核考核与激励制度，设立专门的数字文化推进与回顾机制；活动方面可采用直接倡导与间接影响，如开展宣讲、培训、专题活动及竞赛等。

第二，坚持做好"内培外引"，完善市场化薪酬激励体系，打造多层次复合型数字化人才体系。可从"领导层""应用层""专业层"三个层面组建数字化人才队伍，自上而下地推动数字化转型。其中，为引领整体转型方向，"领导层"需要推选具备数字化领导力与数字化思维的人才;"应用层"人才需要将业务场景和模式、技术应用融会贯通;"专业层"主要指为数字化转型提供技术支撑的专业化人才。总体来说,银行需坚持"内培外引"策略。一方面从内部着手,调整人才选拔、培训、孵化等机制;另一方面从外部布局,广泛与科研院校、市场化机构等开展人才培养合作,建立起人才引进的竞争优势。同时,为了形成良好的创新导向氛围,增加中小银行对金融科技人才的吸引力,需要将研发投入与人才激励相结合,以市场化薪酬激励体系吸引人才、留住人才、用好人才。例如,与金融科技公司共建实验室、布局异地研发中心、调整激励制度等,科学设定考核目标和绩效指标,提升复合型人才的归属感和使命感,更好地发挥复合型人才对银行数字化转型的催化作用。

第三,打通条线间壁垒,构建"业技融合"的敏捷组织。前文提到,中小银行普遍存在各条线间壁垒明显、部门间协作较差、决策链冗长不畅等痛点。数字化时代,为适应以客户为中心的新型业务模式,中小银行需要改变组织架构,由繁杂的纵向型调整为敏捷化的横向型,从而提升内部数字化资源的配置效率,优化客户的服务体验。敏捷组织建设可以参考以下两种模式：一是设立专门的数字化转型管理办公室，作为行内数字化转型的牵头组织，独立于其他总行部门，由数字化转型领导层或相应的管理委员会直接管理。此外，该组织需拥有横向打通与统筹的推进能力，关键职能包括需求统筹、架构管控和项目群管理等，可有效推进全行数字化转型的落地。二是构建专注于共性数字化能力建设的中台赋能组织。该组织成员需要理解实际业务并具备一定的数字化专业技术能力，如数据建模、数据风控等。

第四，推进平台化建设，打造灵活高效的数字化技术底座。重视数据驱动，打通部门间、业务间、机构间的数据资产，实现数据信息有效共享，针对客户进行全景式画像，针对产品进行实时跟踪反馈，有效提升客户服务体验，实时获取后续的市场数据，深度挖掘数据资产价值。具体可从以下六个方面开展建设。

一是建立内部统一的敏捷开发平台。首先，为数字化人才和专业软件开发团队提供标准化技术开发工具，提升数字化应用开发效率，缩短应用上线周期；其次，打造规范化研发路径（例如数字应用产品/需求设计等的全流程管理），推进数字化应用生产流水线建设；最后，搭建统一代码仓库，开展项目全周期管理，实现开发运维一体化，统一技术社区及门户应用等基础技术服务，实现统一的技术资产管理。

二是建立统一的能力服务中心。统一管理技术服务能力、业务服务能力、数据资产服务能力等，形成统一的数字化能力服务入口。同时，还需建立灵活、安全、高效的授权管理体系。

三是打造安全、高效的数据中台。中小银行需推进数据中台建设，涵盖大数据存储、治理、资产管理与服务等功能。通过统一的大数据存储平台收集汇总各类系统数据，通过数据治理统一数据标准、改善数据质量，逐步形成数据资产，面向应用提供数据支撑。同时，要加强数据资产防火墙建设，推进数据资产分级分类，高效推进数据资产合理共享，有效保护数据资产安全。

四是建立云数据库管理平台。对数据库进行上云处理，各类数字化应用按需申请对应的云数据库，实现数据的统一采集与管理，提升数据治理与数据资产的管控效率。

五是建立统一的云计算平台。面向各类应用场景提供云计算服务，由云计算平台提供统一的容器云服务、云虚拟机服务，形成相应的基础技术设施服务体系。

六是建立可视化智能运维平台。以数据中台能力为基础，以服务于真实可观测场景为目标，构建可观测的智能运维平台，针对性解决运维流程成本高、消耗大、效率低等问题。

第五，借助区域性经营特征，推进特色化生态银行建设。中小银行具有区域性资源禀赋，更懂得区域内的零售客户、企业的真实需求与切身痛点，具有良好的客户基础，应发挥自身差异化优势，从多元场景入手推进特色化生态银行建设，更好地满足客户的金融服务需求，提高服务体验。具体来说，城市商业银行可以和本地政务机构深入合作，切入本地客户的高频生活场景，例如城市缴费、支付、待发、工会、社保、公积金等，提供基于生活场景的金融服务；而农村商业银行可结合当地特色产业，如农业、制造业、旅游业等，为行业企业提供特色化的金融产品和服务，更好地服务于地方经济发展战略。

第六，深度链接客户，赋能行内经营。围绕客户全生命周期，借助数字化手段，对客户的多元需求进行深入分析，科学制订经营策略，实现行内各经营要素与客户需求的精准匹配和高效连接。同时，可以利用以财务为核心的EPM（企业绩效管理）软件，关联财务指标、运营指标与管理体系，高效制订并执行总体发展战略。管理层可以监视财务表现和运营结果是否符合预期，分析和识别关键趋势，预测未来结果并进行针对性调整，最终实现业务绩效的发展目标。

一是链接客群需求，精准匹配产品和服务。利用数字化工具构建客户分析模型，深挖细分客户需求，精准定位核心目标客群。此后，基于内外部客户数据，运用数据分析构建客户细分、客户行为聚类、客户价值、客户全生命周期等分析模型。再进一步结合业务经验与数据分析，形成针对性的客户服务匹配策略。

二是链接渠道触点，优化体验。首先，明确各渠道在触点获客、交易办理、业务咨询、信息推送与发布、需求跟踪等方面的功能定位，实施各渠道差异化发展策略。其次，根据不同业务条线、渠道和客户特征等，借助科技工具对客户旅程中的各个节点进行评估，不断提升客户体验。再次，打通数据壁垒，加强各渠道体验的一致性。最后，构建监管体系，对客户全旅程体验进行监控分析，实现精细化运营。

三是链接客户经理，赋能员工。充分利用数字化手段，帮助客户经理快速与客户建立联系，并对员工高效赋能。构建话术、产品资料、资讯库等辅助素材库，帮助客户经理树立专业形象，快速开启与客户的联系；搭建移动端客户管理系统和智能化的标签系统，帮助客户经理及时对客户的行为变化做出反应，提高服务能力；通过数据驱动的精细化客户画像，可视化展现客群信息，帮助客户经理快速匹配客户与产品，了解客户的风险情况，实现精准营销服务。除此之外，还需要利用科技手段相应地提升银行内部的绩效、合规管理能力，从管理层面提升经营效率、降低潜在风险。

附录1

发挥数字技术积极作用
助力金融高质量发展 [①]

各位来宾，同志们：

　　大家上午好！很高兴参加由《中国农村金融杂志》主办的第二届农商行百人会。这是我第二次参加杂志社的活动。我感受到了农商行这些年取得的改革成就以及蕴含的发展活力。同时，也看到农商行这个群体数量多，分布广，差异大，各自的资源禀赋不同，面对的市场环境也各不相同。借此机会，我想围绕以农商行为代表的地方中小银行的高质量发展问题谈三个方面的个人体会，供大家参考。

[①] 本文为尚福林于2023年5月12日在农商银行百人会深圳会议上的主题演讲稿。

一、农商行高质量发展面临的新挑战

中小银行是我国银行业体系的重要组成部分，为服务民营、小微企业，支持国民经济高质量发展做出了积极贡献。目前，中小银行总资产近100万亿元，占银行业总资产的29%。中小银行的涉农贷款和小微企业贷款分别占银行业的39%和46%。从资产规模上看，农商行与城商行各占一半。从数量和地域分布上看，农商行数量众多、分布更广。自深化农村信用社改革以来，脱胎于农村信用社的农商行，在助力普惠金融、乡村振兴、绿色金融、区域协调发展等领域不断培育和塑造经营特色，发挥了支农支小主力军作用，通过完善公司治理增强了自身实力，不断提升金融服务实体经济质效。特别是在疫情期间，不少企业尤其是中小微企业经营困难，作为以小微企业为主要客群的农商行，积极履行社会责任，助企纾困，对符合条件的中小微企业和个体工商户续贷、展期、调整还款安排，缓解了企业的流动性困难。这些成绩的取得，离不开大家的辛勤付出。相信在座的各位都深有体会。我重点想谈谈在经济高质量发展阶段，中小银行当前面临的主要挑战以及数字化转型的机遇。

附录 1

从外部环境看,大型银行下沉加剧了县域金融市场竞争。这是我在调研时中小银行普遍反映的现象。这既是一个近年来的新现象,也会是新发展阶段中小银行将面临的新常态。关于这个问题,可以从两个方面来理解。一方面,大型银行积极推进普惠金融。近年来,大型银行响应政策号召,主动下沉服务重心,同时也是为满足普惠金融等指标考核要求。在这种背景下,银行对县域优质客户的竞争是非常激烈的。大型银行凭借资金成本优势,并且在资金转移定价等方面进行优惠补贴后,贷款利率普遍优惠于地方中小银行。中小银行整体负债成本都显著高于大型银行,仅靠比利率价格,肯定是比不过大型银行的,必然会导致一部分优质客户的流失。另一方面,县域经济也在持续释放吸引力。在我国新型城镇化建设、乡村振兴战略等重大决策实施和推进的过程中,县域都是一个重要的和基本的单元。随着城市地区竞争日趋激烈,县域经济在经济构建双循环新格局和实现共同富裕目标中的地位和作用还将不断增强,经济发展潜力正在持续显现。大型银行近年来不断加大科技投入,规模效应开始显现。大型银行在服务普惠金融的同时,也利用数字技术带动了零售业务发展,客户群体在向长尾客户延伸,让以前在商业领域不可持续的业务随着技术进步、成本下降转而能提供可持续的服务。从网点布局看，大型银行网点数量已连续7年减少，网点总数从2015年最高时的6.9万个减少到2022年末的6.6万个，普遍加大了城区低效密集网点的撤并迁址力度。与此同时，县域网点的数量不降反增，覆盖面还在拓展。根据2022年年报披露的信息，中国建设银行2022年网点总数比2021年减少154个，新设网点22个，其中县域网点14个，占新设网点总数的63.64%。中国工商银行下沉县域乡镇网点65家，网点县域覆盖率提升至86.2%。

从内部经营看，中小银行同质化竞争叠加了转型发展压力。在过去经济高速增长阶段，地方中小银行普遍存在规模情结。在发展战略和方向上，容易偏离自身角色定位和比较优势，忽视了本地市场和客户优势，与国有银行和股份制银行存在同质化竞争。如今，这种粗放式发展模式已不适应高质量发展的要求。一是传统模式赢利能力减弱。受金融让利实体经济以及利率市场化改革等因素影响，中小银行的息差持续收窄，存款成本下降幅度明显小于贷款利率下降幅度，传统高利差赢利模式越来越难。农商行与大型银行净息差的差距由2018年的0.88个百分点缩小到2022年的不足0.2个百分点。二是资本补充难度加大。疫情冲击下中小银行赢利水平和资产质量有所下滑，区域性金融风险隐患仍然存在，中小银行补充资本特别是外源性资本渠道有限，资本补充难度加大。大多数中小银行难以通过上市融资，少数上市中小银行也由于股价估值低，很难在市场上通过增发开展再融资。这一点不仅针对中小银行，大型银行同样如此。目前，银行股平均市净率仅为 0.57 倍，42 只银行股中仅 2 只股价高于每股净资产。三是数字化转型迫在眉睫。线上业务电子渠道分流对物理网点逐渐产生替代效应，新的技术手段正在改变业务的逻辑，农商行原有的网点、人员密集等优势弱化，同时在数字化转型过程中面临较高的投入成本和技术门槛。特别是规模较小的县域农商行，普遍面临数字基础薄弱、资金技术资源有限、数字化人才不足等新问题。

二、数字技术对于推动农商行高质量发展的重要意义

金融数字化是金融发展转型的必由之路，新技术应用将是推动金融高质量发展的重要力量。前段时间我自己也做了一些调研，走访了一些中小银行，大家无一例外都提到了科技赋能、数字化转型。大家对于数字技术的重要性普遍达成了共识，只是对中小银行如何推动数字化转型、选择什么样的模

式，还有一些困扰。

首先，从资源投入上看，中小银行科技投入能力明显不具优势。科技研发需要大量的资本和人才投入。2022年，6家国有大型银行在金融科技方面投入的金额均超百亿元。其中中国工商银行最多，科技投入金额达262.24亿元。中国工商银行金融科技人员有3.6万人，占全行员工总数的8.3%。一些头部股份制银行金融科技投入也在百亿元左右。如招商银行2022年科技投入累计达到141.68亿元。这种投入水平，农商行望尘莫及。某上市直辖市农商行年报披露，2022年科技投入为9.95亿元，占营业收入的3.9%。这在农商行里已经算是很高的投入了，但与大型银行的差距不是一个量级的。

其次，从技术能力角度看，中小银行在算力等硬件投入以及算法模型等软实力上，与先进银行相比有显著差距。我通过调研了解到，大部分的中小银行选择了以和外部科技公司合作的方式推动数字化转型。总体上看，这是基于中小银行自身资源禀赋特点做出的理性选择。数字经济时代，技术迭代更新速度非常快。基于互联网模式的民营银行，运营模式与传统银行完全不同，没有网点，几乎没有营销客户经理，而是拥有大量的科技研发人员。据某互联网民营银行2022年年报披露，其科技人才占比超过55%。之前他们是将特有的交易信息、社交信息等转换为信用信息,解决信息不对称问题。如今,数据范围已经从传统的资产、流水、税务、用电用水用工等数据,拓展到电商、社交、政府采购等信息。随着数据进一步开放,他们已经具备了运用公共数据进行增量授信的能力,依托的是科技软硬件的先发优势和技术积累。在这方面,农商行如果想依靠自身投入进行赶超,是很难的,而且很可能是低效率的。

数字化改造升级要形成规模效应,前期必然需要大量的资源投入。除少数头部农商行外,绝大多数农商行受制于资本、规模、人才、科技等多方面因素,靠单打独斗是难以实现的,也很难形成竞争力。我认为,在一些有条件的地方,省联社帮助辖内小机构甚至在各省联社间统筹搭建科技平台同时兼顾农商行的个性化需求,这样是更有优势的。这是农村信用社体系与其他中小银行相比特有的优势,符合省联社当年的改革初衷与自身的职能定位,避免低水平重复建设。

三、关于中小银行推动数字化的几点看法

银行是金融科技的受益者和建设者,是较早实现信息化的

行业之一。早在 20 世纪 90 年代初，我国推动了三金（金桥、金卡、金关）工程。其中，金卡工程就是以推广银行卡使用为目标的电子化工程。中国人民银行很早就搭建了金融卫星通信网，以此推进了电子联行和现代支付系统建设，重构了支付清算体系，也为后来的第三方支付打下了基础。银行业在科技上的探索应用，实际上是一个从模拟手工到流程再造的过程。在这个过程中，我们见证了科技运用带来的效率提升、经营变革，帮助银行提高了资金使用效率和管理水平。在这一轮数字化转型中，农商行如果能将自己长期扎根当地拥有扎实的本地客户基础、广泛覆盖网点的区位优势与科技手段更好融合，就一定能够在高质量发展中形成新的竞争力。

第一，立足本地定位，专注发展普惠金融，扩大服务覆盖面。"三农"和小微企业客户主要面临融资难、融资贵问题。难在信息不对称和服务可得性，贵在缺乏抵押物等带来的风险溢价。金融和数字技术的融合为普惠金融发展提供了经验。一是科技手段让银行服务延伸至整个网络空间，不再受物理网点和时间限制，解决了以往需要依靠物理网点、自助机具解决的基础金融服务问题。二是数字技术改变了传统银行运营的底层逻辑。互联网民营银行最大的特色是信用贷款。通过模型算法和大数据分析，弥补了传统信用信息不足，减少了对抵押物的依赖。三是通过数字画像，进一步强化了以客户为中心的价值创造，有能力提供更有针对性的服务产品。比如，通过移动支付、社交等场景拥有的"数字足迹"，有针对性地设计消费信贷产品。

第二，巩固客群优势，主动延伸服务触角，加大服务深度。一是场景融合。一些地方中小银行已经在打造综合网点，融入政府公共管理的一些职能，满足客户一站式、个性化、便捷化的服务需求。传统的服务渠道正在走融合发展道路，通过整合平台、场景，打造金融服务生态圈，增强服务渠道的交互式体验，增强客户黏性和稳定性。二是线上线下融合。农商行的传统优势在于长期扎根当地、服务当地，贴近当地小微客户。要加快融合科技与业务，在释放金融科技和数据要素价值的同时，更要抓住扎根本地的地缘优势，更多地借助科技手段解决线下瓶颈，不能舍本逐末。三是基础服务与综合服务融合。金融服务正在从单一向综合系统化服务转变。由于积累掌握了大量的数据和成熟的分析模型，未来从技术层面，银行能够比客户更深入了解其所在行业的趋势变化，进而为客户提供更综合化的金融服务。比如，借助卫星遥感、电子围栏等技术,对农业生产、加工、运输、交易等全链条数据进行溯源采集和智能化分析;借助工业互联网,发展供应链金融、现金管理等综合金融服务。

第三,守住风险底线,提高内部控制风险管理的数字化水平,进一步加强风险管理。金融科技是"技术驱动的金融创新",其核心是在依法合规前提下运用现代科技成果进行改造或创新。商业银行经营遵循"三性"原则:安全性、流动性和赢利性。数字时代依旧要遵循金融运行的基本规律。一方面,要借助科技手段,完善全面风险管理机制。研判风险变化趋势,提高风险防范的前瞻性和准确性。实现对高风险交易、异常可疑交易等智能化防控。另一方面,也要认清新技术条件下风险的新特征。中小银行抵御风险的能力本身就比较弱,特别是在市场信心不足的时候,恐慌情绪很容易引发流动性风险。在数字化条件下,还可能额外增加风险的共振。美联储发布的硅谷银行倒闭的审查报告中专门提到社交媒体、高度网络化等综合因素对硅谷银行的影响。一是从根本上改变了银行挤兑速度。社交媒体使储户能够立即传播对银行挤兑的担忧,而技术让他们能够立即提取资金。打个比方,以前挤兑还得跑去银行网点排队,现在手机银行 App 就可以把钱转走。硅谷银行的储户们 2023 年 3 月 9 日一天内提款规模就达到 420 亿美元。二是对地区银行的外溢性、传染性更强。硅谷银行倒闭后，这种市场恐慌情绪通过社交网络对地区性银行冲击很大。

  总之，虽然农商行高质量发展面临诸多挑战，我们仍然要坚定信心。今天我们能在这里关注讨论农商行的高质量发展问题，而不是像 20 年前研究农村信用社的生死存亡，这本身就是对农商行这些年发展的一种肯定。谢谢大家！

附录2

发挥农村金融特色优势
更好服务绿色发展[①]

同志们：

大家上午好！很高兴来到青海出席第五届中国农金30人论坛青海会议。这次会议的主题是"汇聚农金力量，服务绿色发展"。党的二十大报告指出，"尊重自然、顺应自然、保护自然，是全面建设社会主义现代化国家的内在要求。必须牢固树立和践行绿水青山就是金山银山的理念，站在人与自然和谐共生的高度谋划发展。"我国是传统农业大国，农村金融机构是服务"三农"的主力军，在服务绿色发展中扮演重要角色。考虑到农村金融机构的特点，我主要从绿色信贷的角度，就农村金融机构服务绿色发展谈三点体会。

---

① 本文为尚福林于2023年8月31日在中国农金30人论坛青海会议上的讲话稿。

一、服务绿色发展是金融高质量发展的必由之路

推动经济社会绿色发展，是实现高质量发展的关键环节。绿色低碳转型已成为经济社会发展的必然趋势，也是当前金融服务实体经济的重要任务。绿色金融的环境效益已逐步显现。

第一，绿色金融理念不断普及。对于绿色低碳转型的认识是随着经济社会发展而不断深化的过程。随着对环境治理、气候变化问题重要性的认识不断深化，越来越多的国家将支持绿色发展上升到了国家战略层面。全球绿色金融市场规模不断扩大，金融机构积极践行绿色承诺，转化为履行社会责任、支持可持续发展的具体行动。影响比较大且与金融机构关系比较密切的有以下几个：一是ESG责任投资。随着ESG责任投资理念的兴起，市场主体、投资机构从关注传统财务指标转向综合衡量社会效益，通过投资带动将绿色发展理念植入公司治理、经营策略之中。二是"赤道原则"。2003年国际上提出了"赤道原则"，提供了一套融资环境与社会风险管理的工具和行业的基准，用来帮助判断融资中的环境和社会风险。截至2023年11月20日，全球有39个国家、140家金融机构宣布采用"赤道原则"。其中，中国有9家银行参与，重庆农商行是其中之一

（其余 8 家除了兴业银行，都是城商行）。三是负责任银行原则。2019 年联合国发布了《负责任银行原则》，鼓励银行对照联合国可持续发展目标和《巴黎气候协定》，在战略、投资组合和交易层面以及所有业务领域融入可持续发展元素。中国工商银行、兴业银行、华夏银行是首批 129 家发起机构之一。目前，全球已有 324 家签署机构。中国有 23 家机构加入，其中有 5 家农商行（青岛农商行、广东佛冈农商行、江苏紫金农商行、上海农商行、浙江安吉农商行）。可以看出，农村金融条线中有一些机构已经积极参与到了绿色金融实践以及国际交流合作当中了。

第二，银行业绿色贷款得到快速发展。银行机构发放的绿色贷款是实体经济绿色低碳发展的重要资金来源，是绿色金融的重要组成部分。从总量上看，绿色贷款近年来发展迅速，存量规模居世界第一。截至 2022 年末，绿色贷款余额达到 22 万亿元，同比增加 6 万亿元，增长 38.5%，比上年末高 5.5 个百分点，高于各项贷款增速 28.1 个百分点。绿色贷款规模占各项贷款的 10.3%，这一比例比 2020 年末提高了 3.4 个百分点。从用途上看，投向具有直接和间接碳减排效益项目的贷款合计占绿色贷款的 66.7%。基础设施绿色升级产业、清洁能源产业和节能环保产业贷款余额分别为 9.8 万亿元、5.7 万亿元和 3.1 万亿元，同比分别增长 32.8%、34.9% 和 59.1%。从银行类型上看，国有商业银行是绿色贷款投放的主力，绿色贷款余额合计达 12.6 万亿元，超过我国绿色贷款余额的一半。中国工商银行、中国农业银行、中国银行、中国建设银行 4 家国有商业银行的绿色贷款余额均超万亿元。42 家 A 股上市银行的绿色贷款合计规模达到 16.2 万亿元，占我国绿色贷款余额的 77.6%。有 8 家上市银行绿色贷款在各项贷款中的比重超过 10%。对比 2020 年，占比超过 10% 的银行仅有 2 家。这一趋势反映出，支持绿色发展已成为先进银行的重要战略选择。

第三，中小银行是绿色金融债券的重要发行方。绿色项目普遍存在投资规模大、回收期长的特点，需要长期资金。除了信贷支持外，绿色债券是支持绿色发展的重要金融手段。根据气候债券倡议组织的相关数据，截至 2023 年一季度，全球绿色债券市场累计发行规模约为 2.3 万亿美元。其中，2022 年发行规模达到了 4871 亿美元。中国发行规模占 18%，首次超过了美国，排在第一位（2020 年中国排名第四位）。按照中国人民银行口径，截至 2022 年末，我国绿色债券存量规模约 1.54 万亿元，筹集的资金主要用于清洁能源、基础设施绿色升级与节能环保产业。其中，绿色金融债券存量规模最大，目前共有

105 只，发行规模 5577 亿元，占绿色债券规模的 38.9%。地方中小银行是绿色金融债券发行的积极参与方，反映出中小银行在支持地方绿色转型中发挥着重要作用。81 只绿色金融债券是由地方中小银行发行，发行规模 1802 亿元。农商行发行的有 32 只、规模 326 亿元，分别占 30.5% 和 5.8%。

二、农村金融机构服务绿色发展的空间前景广阔

无论是发达国家还是发展中国家，要实现绿色发展，都需要大量资金投入，离不开金融的支持。截至 2022 年末，农村金融机构绿色贷款总量为 7000 多亿元，在我国绿色贷款余额中的占比约 3.2%，约占农金机构各项贷款的 2.6%，低于银行业平均水平 7.7 个百分点。尽管从绝对规模和占比上看，农村金融机构在绿色贷款、绿色债券方面，都与大中型银行存在较大差距，即便是上市农商行，绿色贷款在各项贷款中的占比总体也并不高，仅有 5.2%，有 8 家占比低于上市银行的中位数（6.8%），但是农村金融机构在支持绿色发展中有着不可或缺的作用，未来的发展前景和空间十分广阔。

一是因为农村金融机构是服务农业绿色转型的重要力量，

农村金融机构服务绿色发展的优势和特色体现在广大县域地区。绿色发展通常关注低碳转型、降碳减排，特别是能源等大项目的转型升级。这些领域通常需要长期限、低成本的绿色贷款资金支持。举个例子，2022年末中国工商银行绿色贷款余额为3.98万亿元，占其各项贷款的比重为17.1%。其中，中国工商银行发放的清洁能源贷款中，风电、光伏发电贷款余额占电力行业贷款总量的37.8%，高于同期风力及光伏发电装机在我国电力结构中的比重。相比之下，农村金融机构在应对气候变化、支持清洁能源这些方面，无论是资金还是专业能力都明显不具有优势。然而，我们要认识到，绿色金融不仅限于应对气候变化，农业农村领域的绿色发展也是经济社会绿色转型的重要方面。"绿水青山就是金山银山"，关键在农村。绿色发展作为推进乡村振兴的新引擎，这些领域的资金需求量与能源行业相比不一定大，但是涉众多、涉及面广、对经济社会的影响深远。在构建绿色低碳循环发展的农业产业体系、推进农业发展全面绿色转型、支持绿色乡村建设等方面，农村金融机构具有独特优势。从一些上市农商行披露的社会责任报告中也可以看出，很多农商行也是这么做的，努力在支持本地企业节能技术改造进步、资源节约高效利用、城镇化建设、生态修复等方面提供融资支持。

二是因为农村金融机构服务的对象也是绿色转型发展过程中需要重点防范风险的群体。绿色发展要用最小的资源环境代价换取最大的经济社会效益。银行信贷客户的环境和社会风险集中表现在污染物排放、能源使用、土地污染等方面。西方发达国家是在工业化后自然达峰，而中国仍处在工业化和碳排放的上升阶段。我国是世界上最大的能源消费国，以重工业为主的产业结构，以煤为主的能源结构没有根本改变。农村地区的生态环境相对更加脆弱，农村金融机构面对的外部环境更为恶劣。农村金融机构的传统信贷客户不乏高碳行业和落后产能，支持绿色转型升级压力更大、矛盾更多。据监管部门相关数据，我国绿色贷款整体不良率约在 0.7%，农村金融机构绿色贷款不良率水平要高于银行业平均水平。能否顺利实现经济社会的绿色转型和健康发展，很大程度上取决于农村金融机构能否妥善处理好这些传统小企业的低碳转型问题，能否在有效给予信贷支持的同时，管控好环境风险和信贷风险。

三、关于农村金融机构做好绿色金融的几点建议

绿色转型发展是实现经济社会节能降耗、降本增效的过程。

在这个过程中，从长期影响看，将会为产业发展带来更广阔的空间，培育更多的经济增长点。绿色金融前景可观、潜力巨大。农村金融机构如何在这片蓝海中找到自己的位置，我提几点建议。

一是充分认识发展绿色金融是农村金融机构自身发展的必由之路。我国的现代化是人与自然和谐发展的现代化。加强对自然资源的保护，减少人类对自然资源的过度消耗，实现绿色发展是国家的重大战略部署。金融机构要认真贯彻执行国家的战略部署。同时，发展绿色金融也是金融业发展的内在要求，这可以从两方面看。一方面，绿色金融为金融机构提供了服务实体经济的广泛的市场空间，在当前市场竞争不断加剧的情况下，为农村金融机构提供了增强自身竞争力的机遇。另一方面，违背绿色发展要求会形成政策风险、信贷风险。因而，发展绿色金融是金融机构实现稳定健康发展的必由之路。

二是农村金融机构应该根据自身战略需要结合当地的实际情况制订自身的绿色金融战略和规划。推动绿色发展，并不限于减少碳排放的能源大项目。对于广大身处县域地区的农村金融机构而言，应当根据自身特点和当地产业结构，更好地服务本地客户。特别是关注传统产业的升级改造，把支持企业发展与生态环境治理相结合。同时，把绿色发展与普惠金融、乡村振兴结合起来，支持农业循环经济，更好地服务生态农业等新产业、新业态，支持地方的生态保护与修复，改善农村人居环境，实现环境友好的可持续的健康发展。

三是要用好碳减排支持工具和专项再贷款，加大绿色信贷创新和开发力度。充分发挥资源配置的功能，加大对绿色经济、低碳经济、循环经济的金融支持。根据项目特点匹配相适应的金融产品，为绿色低碳项目提供长期限、低成本资金。同时，农村金融机构自身也要强化绿色环保理念，提升环境和社会表现，增强绿色低碳意识，倡导简约适度、绿色低碳的经营方式，营造节能降耗的良好氛围。

四是要妥善防范应对低碳转型过程中的金融风险。金融机构自身一般不会产生重大的环境风险，却可能因信贷客户的环境风险和社会风险，影响自身声誉，甚至造成财务损失，影响金融资产质量。对于农村金融机构而言，需要增强环境和气候风险管理能力。在支持产业转型升级过程中把握好力度，处理好绿色发展与经济安全的关系。有能力的农村金融机构应当加强对高碳资产的风险识别，有效评估碳减排和环保政策形成的风险敞口。

五是要加强绿色金融的顶层设计，加强信息披露。信息披露是推动市场主体绿色转型的重要抓手，有助于强化社会公众、利益相关者与经营者之间的交流互动。应当鼓励金融机构加大环境、社会和治理的信息披露，向公众展示机构在参与环境治理、支持低碳转型发展中所做的努力和成效，披露通过金融支持实现的环境效益。目前，监管部门都相继出台了一些规范性文件，对提升机构的环境、社会和治理表现提出了相关要求（比如，原银保监会印发了《银行业保险业绿色金融指引》，证监会发布了《上市公司投资者关系管理工作指引》等）。披露 ESG 信息的金融机构和上市公司逐年增多，主动披露的数量不断增长，这是好的现象。与此同时，从披露情况看还存在不足。由于缺少统一细化的 ESG 披露标准和规则，信息披露的实质性信息偏少，数据的规范性、可比性、准确性不足。即使是上市银行，对于绿色金融的披露格式、内容、数据也形式各异，有的像做形象宣传广告，没有数据分析。整体上，信息披露的质量还有待提高。为此，应当加快构建一套完整明确的符合中国实际情况的 ESG 披露标准规则体系，一方面有利于形成社会监督氛围，引导激励企业加快绿色转型。另一方面，也有利于金融机构和投资者更好地挖掘优质标的。

附录3

新发展阶段推进农商行转型发展的思考[①]

农商行是深化农村信用社改革的产物。上一轮农村信用社改革从江苏试点起步。2000年江苏试点奠定了2003年深化农村信用社改革的基础：一是以县为单位统一法人，并组建了全国第一家省联社——江苏省农村信用社联合社。二是在原有的农村信用社基础上，通过股份制改造，创造了农村商业银行这一新的组织形式。2001年江阴、常熟、张家港农商行作为全国首批农商行挂牌。这是对合作金融组织经营模式的一次重大突破。时任总理朱镕基同志在当年调研中强调："各地情况不同，特别是经济发展水平和经济结构不一样，农村信用社改革要从实际出发，采取符合当地特点的具体组织形式，不搞'一

[①] 本文作者为尚福林、高亮。本文为作者个人观点，不代表供职单位意见。

刀切'。"20多年来，农商行的发展取得了巨大成就，同时改革也步入深水区。在新发展阶段，国内外环境的深刻变化既带来一系列新机遇，也带来一系列新挑战，对于农商行这一类群体，有必要总结梳理改革经验，并站在新起点谋划发展转型方向。

一、20多年农村信用社改革成效为推动农商行转型发展奠定了坚实基础

农商行的发展成效要放在农村信用社改革中审视。农村信用社改革主要是为解决两大问题：一是改革产权制度。以法人为单位，明晰产权关系，完善法人治理结构。二是改革管理体制。明确将农村信用社的管理交由省级地方政府。经过20多年各方共同努力，深化农村信用社改革取得了显著成效。特别是党的十八大以来，原银保监会等相关部门强化农村中小银行支农支小定位，持续提升农村金融服务质效，行业面貌发生了深刻变化。同时，统筹推进农村中小银行改革化险，新一轮农村信用社改革开始落地，体制机制改革实现破题。

第一，机构数量规模实现跨越式发展。截至2021年末，农村信用社（包括农商行、农合行）共2199家，资产、负债分别

达到 43.5 万亿元、40.2 万亿元，较改革前分别增长 15 倍、14 倍；资产负债规模约占银行业的 14%，比改革前提高约 5 个百分点（图附.1）。如果把农村信用社看作一个整体，资产负债规模已超过中国工商银行（资产为 35 万亿元、负债为 31.98 万亿元）。

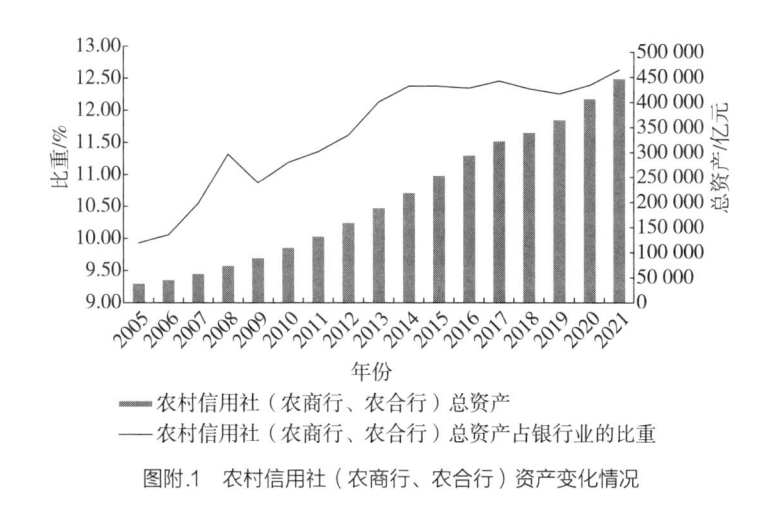

图附.1 农村信用社（农商行、农合行）资产变化情况

在多数省份，农村信用社的市场份额已居于首位，是名副其实的地方金融骨干力量。农商行自 2016 年起数量、资产负债规模均超过农村信用社"半壁江山"，到 2021 年末农商行数量达到 1583 家，占农村信用社体系的 71.9%，资产规模占农村信用社体系的 84%（图附.2、图附.3）。12 个省（市）已全面完成农商行组建。农商行这个群体已成为推动农村信用社整体指标改善与转型发展的主要力量。

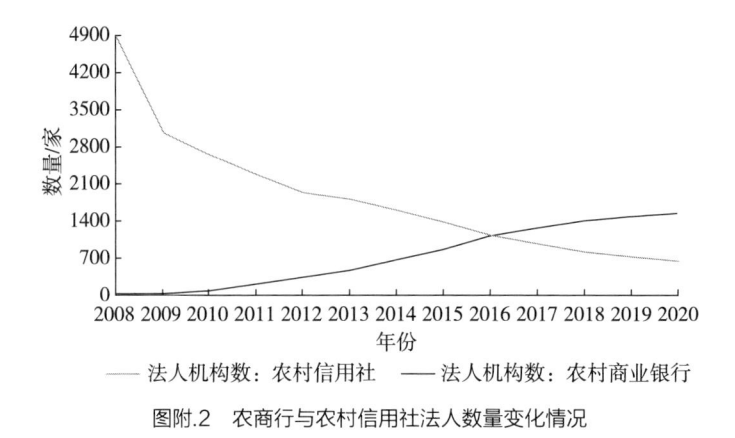

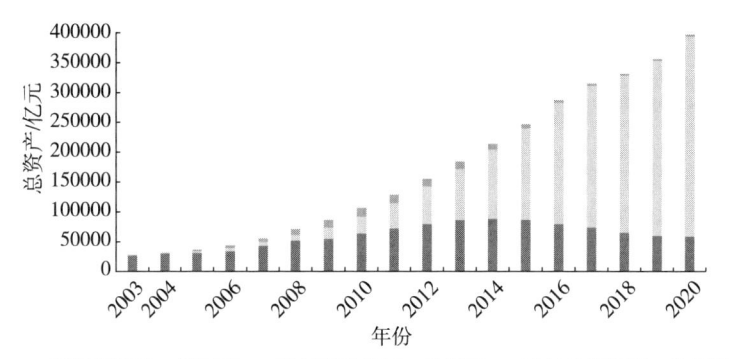

图附.2 农商行与农村信用社法人数量变化情况

图附.3 农村信用社系统资产结构变化情况

第二，自身经营实力显著增强。产权改革方面，通过实施股权改造，逐步取消了资格股，引进法人股东，优化了股权结构，法人股占比由改革前不足5%提高到50%以上。农村信用社长期以来股金不实、股本不足、股东分散等状况得到改善。机构改制方面，实施以县（市）为单位统一法人。按照机构自愿、因地制宜、分类指导、严格准入的原则，支持符合条件的农村信用社改制为农商行，总体上坚持了成熟一家改制一家，不搞运动式、一刀切。在改制工作中，通过股东出资购买、自身清收消化、地方政府支持等方式化解不良资产，极大地增强了资本实力，资本充足率提高到2021年末的12.4%。在改革启动第二年即2004年就实现了整体赢利，系统性风险基本化解（图附.4）。

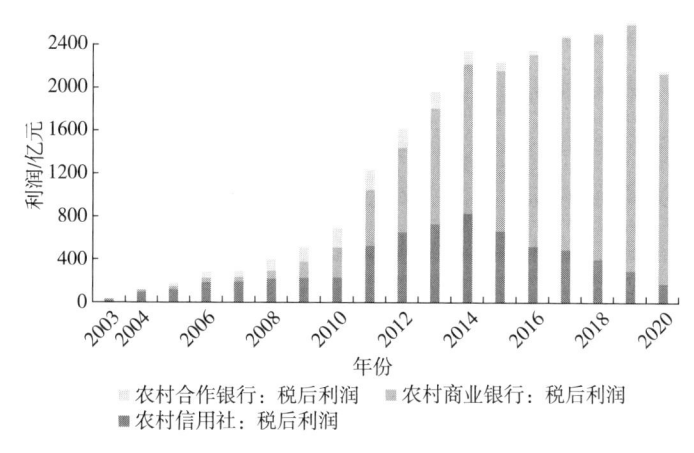

图附.4　农村信用社系统税后利润情况

公司治理方面，"三会一层"治理架构从无到有，一批优质的农商行脱颖而出。目前，A股有10家上市农商行，4家农商行在H股上市。在英国《银行家》杂志最新发布的全球银行1000强榜单中，中资银行141家，其中有33家农商行。

第三，支农支小主力军地位进一步巩固。农村信用社具有鲜明的支农支小特色，营业网点已基本覆盖全国所有县域，承担了绝大部分农村地区涉农政策补贴的代理发放，在填补乡镇金融服务空白方面贡献最大，在普惠金融、脱贫攻坚、支持乡村振兴等任务中发挥了举足轻重的作用。截至2021年末，农村信用社涉农贷款和小微企业贷款余额分别为13.3万亿元和12.9万亿元，以占银行业14%的资产，发放了银行业30%的涉农贷款和27%的小微企业贷款。2020年疫情以来，为缓解企业暂时性经营困难，累计为受疫情影响的小微企业办理延期还本贷款3.4万亿元。

这些成绩的取得凝聚着党和国家对农村金融工作的关心，离不开广大农村信用社员工的奋斗和努力，更离不开中央与地方政府给予的支持。据统计，上一轮农村信用社改革，中央层面通过央行专项票据置换等方式给予扶持资金2690亿元，地方政府通过无偿划拨资产、以优质资产置换、减免返还地方税费、提供分红补贴和贷款贴息等方式，给予了配套扶持。

二、当前农商行转型发展面临的内外部挑战

总体上看，农商行从无到有，从少到多，20多年发展历

程起点低、速度快、成效明显。与此同时，在这些成绩的背后，也存在不少隐忧。在笔者看来，当前农商行经营发展有三大弱项：一是发展速度快而不强。尽管业务规模得到快速扩张，但个别机构盲目追求做大做强，垒大户、赚快钱，经营管理水平和风险防控能力相对粗放，与先进银行实践相比仍有不小差距。二是机构数量多而不优。农商行数量不断增加，部分机构翻牌子快、换机制慢，甚至经营不善重新沦为高风险机构。中国人民银行发布的《中国金融稳定报告（2021年）》指出农村信用社（含农商行、农合行）高风险机构数量为271家，占高风险机构总数的64%。三是业务产品广而不精。产品服务存在同质化，对农村金融需求变化的研究挖掘不深，匹配"三农"需要的金融创新较少。

究其原因，既有近年来外部环境变化带来的新挑战，也有农商行自身体制机制的短板影响，笔者归纳了七个方面。首先，从外部环境看有三大挑战。

一是"三农"依旧是经济发展薄弱环节，局部矛盾更加突出。农村金融与宏观经济特别是农业农村经济相互交织。在产业端，农业仍是弱势产业，农民缺乏抵御农业生产自然风险和农产品市场风险的能力。涉农项目的信贷风险，尤其是因重大自然灾害形成的巨额信贷损失缺乏分散渠道和补偿安排。在区域布局方面，县域存贷比长期低于城区。随着城镇化推进，城乡发展不平衡的问题依旧突出，局部供求矛盾有可能进一步加剧。例如，某农商行2021年年报披露，该行整体存贷比为76.7%。分地域看，主城区的存贷比达到125.3%，县域存贷比仅为56.4%。存贷款结构中，县域存款占比为70.6%，而县域贷款只占52%。虽然全国整体的数据没有披露，但从一地情况可见一斑。况且重庆还是城乡发展相对较好的地区。在中西部的欠发达县市，经济总量小，当地农村信用社经营更为困难。在市场环境方面，农村地区金融知识宣传普及力度仍然不够，农村群体的金融意识还比较薄弱，风险防范能力较差。

二是大中型银行下沉打破县域市场竞争格局，加剧市场竞争。大中型银行大力发展普惠金融，下沉服务重心，重返县域。从全国来看，大型银行网点数量已连续6年减少，但在县域的大型银行网点数量不降反增。中国农业银行年报披露，2021年农行迁建网点的65%布局在城乡接合部和县域及以下地区。中国建设银行年报披露，2021年建行新设的31个网点中，有20个为县域网点。以农商行、农村信用社为主体的农村金融机构网点数量已连续4年减少，县域一家独大的局面正被打破。目前，县域地区大中型银行的网点数量已超过一半。从另一维度看，大型银行资金成本更低，手段更加丰富。以普惠型小微企业贷款为例，近三年，大型银行普惠型小微企业贷款余额由2019年末的3.3万亿元增加到2021年末的6.6万亿元，规模翻了一番（图附.5）。市场份额上升6.5个百分点，达到34.4%，市场份额反超农村金融机构（31.7%）。

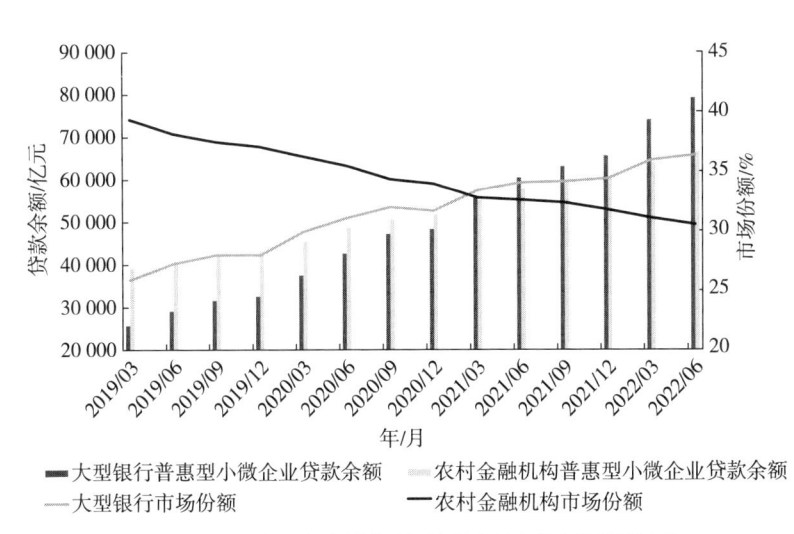

图附.5　大型银行与农村金融机构普惠型小微企业贷款情况

特别是大型银行近年来通过加大科技投入，数字化转型带来的规模效应开始显现。虽然监管部门也强调大中型银行要加大首贷户拓展力度，但在市场化竞争中不可避免会导致农商行部分优质客户流失。

三是科技创新驱动正在重构业务经营模式。近年来，乡村数字基础设施建设、农村电子商务和新型农业快速发展，让金融机构运用数字化手段助力乡村振兴成为可能。采用互联网经营模式的民营银行，依托移动互联网和线上运营手段，依靠特有的数据、模型、算法优势，降低了信息不对称性和获客成本，其业务触角已伸向县域地区长尾客群。根据网商银行公布的数据，全国已有超过1000个涉农县区与其签约合作，数量占全国县域总数近一半。新增客户中，超过80%的贷款农户从未获得过银行经营性贷款。农商行传统的人员地缘优势在数字化转型中被进一步弱化。从全国情况看，电子渠道分流对物理网点已经产生了替代效应，金融产品和服务方式更加智能化。除了物理网点数量的变化外，ATM机数量已从2018年末最高时的111万台，下降到2021年末的94.8万台（图附.6）。行业平均电子渠道分流率达到90.3%。在农村地区，94%的农村金融机构开通了线上渠道，便民取款点、转账电话等传统基础金融服务方式正在被移动支付等手段所替代。

除了外部环境变化对农商行发展带来的影响外，农商行自身的深层次体制机制矛盾也越发显现，表现为四大短板。

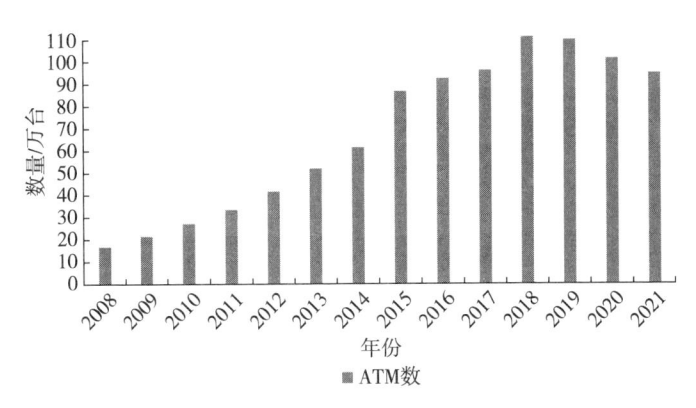

图附.6 全国ATM机数量变化情况

一是管理体制尚未完全理顺。省联社是上一轮农村信用社改革中，为落实农村信用社管理责任的产物，在改革初期，对扭转农村信用社基础薄弱、风险高企、案件频发的局面发挥了积极作用。随着农商行的发展壮大，省联社和一些自身治理能力比较强、业务经营好的优质法人机构间的矛盾凸显。一方面，省联社自身的管理约束不强，权责不对等。省联社是经省政府授权行使行业管理职能。这种管理职责并不是源于产权关系，存在比较强的行政色彩，与市场化法治化要求之间存在内在矛盾。2017年，某农商行董事会曾投票未通过省联社提名的两名副行长候选人，当时还引起媒体关注。半年之后，董事会最终还是审议通过了议案。另一方面，现行管理体制不能很好地适应新时期法人机构的服务需求，特别是在对辖内法人机构提供产品业务创新、科技系统支持等方面，平台作用发挥不够。

二是治理机制仍存在短板。农商行虽然在改革中搭建了公司治理架构，但在推进建立适应农村特点的现代银行制度等方面，进展较为缓慢。从股东数量上看，农村信用社现有股东中99%是自然人股东，单家机构平均仍有近2000个股东，有些未上市的农商行股东多达上万个。农商行改制基础薄弱，股东、董事和高管选择范围窄，股东数量多、股权结构散、治理能力弱。这种治理结构容易被高管和少数关键人控制。少数股东入股动机不纯，通过股权代持、隐瞒关联关系等不当手段控制机构，操控机构成为"提款机"。

三是业务创新转型相对滞后。在产品创新方面，对农村金融需求变化挖掘不深，贷款期限、担保、还款方式等方面设计不够灵活，没有完全匹配农业生产周期特点，不能完全满足农村地区客户日趋多样化、个性化的金融需求。在服务模式创新方面，农商行网点多、人员密集、存款稳定的传统优势，在数字化条件下维护成本进一步提高。农商行数字基础薄弱、资金技术资源有限、数字化人才缺乏、信息科技系统支撑不足，数字化发展与大型银行的差距逐渐拉大。农商行净息差已连续3

年下降，从 2018 年末的 3.02% 下降到 2021 年末的 2.33%，与大型银行净息差的差距由 0.88 个百分点缩小到 0.29 个百分点（图附.7）。

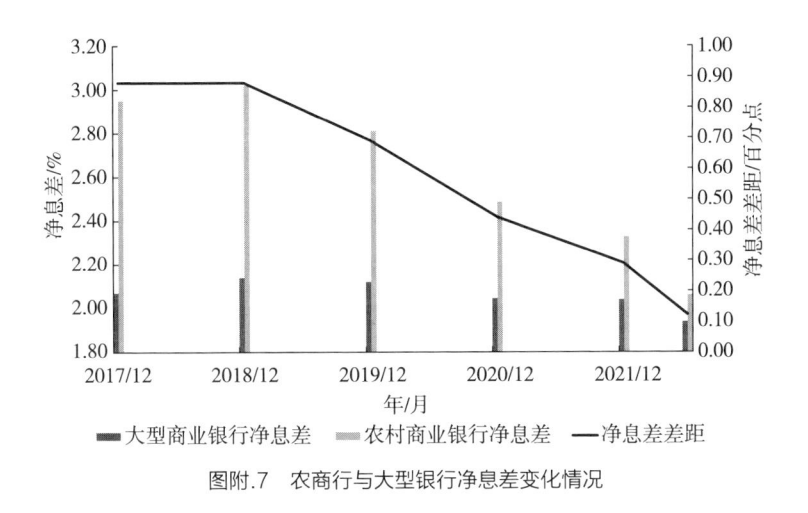

图附.7　农商行与大型银行净息差变化情况

从上市银行的公开数据看，中国银行的存款平均成本是 1.52%，而上市农商行基本在 2% 以上，县域农商行存款成本估计更高。中小银行的成本收入比普遍高于大型银行，农商行则普遍高于其他中小银行。27 家 A 股上市地方中小银行平均成本收入比为 29%。10 家 A 股上市农商行中，8 家高于平均值。

四是经营风险防控压力大。76% 的农商行地处县域，经营区域范围小、层级低，受区域经济影响大。在前期经济高速发展阶段，不少机构都存在"规模情结"和"速度冲动"。

一些机构支农支小定力不够，偏离信贷主业，随着经济转向高质量发展阶段，风险水落石出。在一些市场竞争激烈的地区，县域农商行还可能被迫进一步增加风险偏好，投向资产质量相对更差的客户。而在一些商业不可持续的地区，农商行承担了服务金融空白乡镇、贫困农户等任务，加大了风险防控和化解难度。不少高风险机构位于这样的地区，既"难救"也"难退"。

三、关于促进农商行健康发展的几点建议

我国是发展中的农业大国，农业是国民经济的基础。习近平总书记多次强调，进入新发展阶段，最艰巨最繁重的任务在农村，最广泛最深厚的基础在农村。深化农村信用社改革，推动农商行改革发展，做好农村金融工作，是党和国家赋予农村信用社这个群体的光荣使命和历史责任。为此，笔者就促进农商行健康发展提几点建议。

第一，坚守支农支小战略定位，在细分市场上发挥比较优势。当前，"三农"重心正转向全面推进乡村振兴。金融助力农业高质高效、乡村宜居宜业、农民富裕富足大有可为。

首先，农村信用社深耕几十年的农村客群关系，是其他机构不可比拟的先发优势。历史上农村信用社利用乡村熟人社会的信用约束，弥补信息不对称，是农村信用社的特色。应当把握好农商行在银行体系中的特色定位，深挖市场潜力，精准服务。将"融资"与"融智"相结合，增强服务广度和深度，助力乡村生产、生活、生态的全面发展。其次，坚持主业、回归本源也是防范化解风险的最优选择。找准自身定位的小银行更容易在危机中生存。美国社区银行在1984—2011年，有2623家因经营失败被关闭。其中，2555家发生在20世纪80年代末美国银行破产危机和2008年全球金融危机期间。美国联邦存款保险公司（FDIC）在社区银行研究报告中指出，专注于为本地社区提供传统银行服务，致力于促进当地小微企业和初创企业发展的，多数得到了较好发展，并在危机后率先恢复。与银行专业知识相比，扎根基层的农商行员工更应当熟知本地风土人情，像老一辈的农村信贷员一样与客户建立长期的信任关系，开发具有本地特色的金融服务。

第二，鼓励做小做精，探索有农村中小银行特色的公司治理体系。中国不缺大银行，也不缺新银行。小银行同样可以健康经营。目前，我国银行业金融机构数量为4593家，其中涉农金融机构为3898家（含1637家村镇银行）。美国存款保险机构的数量已经从1985年的17 901家减少到目前的4796家，其中社区银行4353家。2011—2019年，美国超过36%的非社区银行终止经营，高于社区银行30%的比例。并且，社区银行在这期间的关闭并不是因经营倒闭而是机构间自愿的整合重组。此外，在此期间，美国历史上第一次有银行被信用社收购，先后共有39家社区银行被34家信用社收购。对农商行来说，要摒弃规模扩张的发展导向和思维定式，确立与所在区域经济总量和产业特点相适应的发展方向，构建具有行业特色、符合小法人实际的公司治理机制。发挥机构规模小、层级少、机制灵活优势的同时，严格股东资质审核，加强关联交易、大额授信管理，促进产权改革成果向公司治理传导，治理机制成果向经营机制传导。

第三，发挥好农村信用社体系优势，打造分工协作的利益共同体。上一轮改革确定的农村信用社管理体制安排是区别于其他类型中小银行的最重要特征，特别是在党的领导方面发挥了重要作用，有效避免了基层地方的不当干预。此外，在帮助行社融通资金、统建核心系统、开办信用卡等方面也发挥了系统优势。新一轮改革应当统筹尊重法人机构经营自主权与保持农村信用社体系的完整性，充分考虑我国区域经济发展差异以及不同地区不同发展阶段法人机构的需求。从德国、荷兰、日本等国发展经验来看，一个职能分工设置合理的上层机构，能够更好对接地方经济和"三农"发展需要。未来可以通过履职清单规范和约束其行为，把业务重点放在中后台服务能力建设上。多做一些小法人需要而又做不好、做不了、做了不经济的业务，避免单家机构低水平重复建设。在风险救助方面，优先考虑发挥系统力量，通过兼并重组等方式，以更加市场的方式进行整合。

第四，聚焦农村金融需求，科技赋能农商行数字化转型。一是从金融需求出发，发挥农商行的渠道优势。加快金融服务渠道融合发展，培育数字生态，将金融服务融入政务服务、交通出行、医疗社保等居民生活场景，增加客户黏性。二是从产业融合出发，加快数字化改造。跟进客户生产生活的全流程，与产业数字化改造协同推进。提升农业产业现代化水平、农村金融承载能力和农民金融服务可得性，形成产业与金融的良性循环。三是从客户需求侧出发，提升数字化体验。加强金融科技和数字化技术在涉农金融领域的应用，充分发挥数据要素价值。因地制宜打造惠农利民金融产品，满足用户个性化需求，提升用户的数字化体验。特别是依靠大数据缓解银企信息不对称，提高农村地区长尾客户的授信效率。四是从金融安全出发，提升农商行数字化运营能力。遵循关键技术自主可控原则，夯实自身的信息科技基础，确保数据安全、隐私保护。

鸣谢

本书的完成得益于中国财富管理50人论坛"中小银行高质量发展研究"课题组全体成员的共同努力与贡献。

我们对以下成员的参与和支持表示认可：尚福林先生，整体牵头了本书课题的研究工作。中国工商银行原行长杨凯生、中国人民银行研究局巡视员周学东、原银保监会首席检查官王朝弟、国务院发展研究中心金融研究所副所长陈道富等专家，参与了本书课题的评审和指导工作。张健华、高亮、朱宇、张挺、王洋、张永、王镇等，以各自的专业知识和研究经验，为本书课题的研究工作做出了实质性的贡献。

执笔团队成员高亮、王洋、肖锦琨、陈进展、朱晨、李冰舸、张琨、郑久延、强薇、焦浩宇、郭琬盈、崔兆秋、时昕、张威，负责了本书的撰写和编辑工作。

中国财富管理50人论坛秘书处组织了本书课题的多场调研

和座谈，秘书长刘喜元先生对调研工作给予了巨大的支持；本书课题组学术秘书团队时昕、张威，行政秘书团队贾辉、刘海鸾、曹衍楠、叶莉，负责了本书课题组的日常协调和行政支持工作。

我们对所有成员的辛勤工作和专业投入表示感谢。